Das Buch

Im April 1962 fiel im Goldsaal der Dortmunder Westfalenhalle ein Beschluss, der das Alltagsleben von Millionen Deutschen nachhaltig verändern sollte. Die Fußballbundesliga wurde gegründet und startete im August 1963 in ihre erste Saison. Seit 50 Jahren bestimmen ihre Spieltage nun den Rhythmus der Republik, produzieren Dramen mit Freudentränen und lassen Verlierer schluchzen. Tore brechen zusammen und Hunde beißen in Verteidigerhintern. Spieler und Trainer tragen mächtige Schnäuzer und Minipli, dreschen Fußballerlatein und verheddern sich in der Prozentrechnung. »Fast alles über 50 Jahre Bundesliga« ist keine schnöde Chronik der höchsten deutschen Spielklasse, sondern führt den Ansatz des Bestsellers »Fast alles über Fußball« weiter. Als Sammelsurium und Panoptikum, Bildersturm und Infografik, Listenwesen und anekdotische Historiografie. Glanz und Schrecken aus 50 Jahren Eliteklasse als Stoff für eine wunderbare Geburtstagsparty. Köster und Biermann verbinden Sachkompetenz und Humorsicherheit zu einer Geschichte der Bundesliga, wie es sie noch nicht gegeben hat.

Die Autoren

Philipp Köster, geboren 1972, ist Gründer und Chefredakteur des Fußballmagazins 11 FREUNDE. Köster ist einer der kreativsten Magazinmacher des Landes, Autor zahlreicher Bücher zum Thema Fußball und wurde 2010 als »Sportjournalist des Jahres« ausgezeichnet.

Christoph Biermann, geboren 1960, ist Mitglied der Chefredaktion des Fußballmagazins 11 FREUNDE und arbeitete vorher für »Der Spiegel« und »Süddeutsche Zeitung«. Biermann gehört seit Jahren zu den profiliertesten Fußballjournalisten Deutschlands und hat zahlreiche Bücher zum Thema Fußball veröffentlicht. »Die Fußball-Matrix« wurde 2011 zum »Fußballbuch des Jahres« gewählt.

Weitere Titel von Christoph Biermann bei Kiepenheuer & Witsch: »Wenn Du am Spieltag beerdigt wirst, kann ich leider nicht kommen«, KiWi 383, 1995. »Der Ball ist rund, damit das Spiel die Richtung ändern kann« (mit Ulrich Fuchs), KiWi 702, 2002. »Aus spitzem Winkel« (mit Marcel Reif), 2004. »Fast alles über Fußball«, KiWi 910, 2005. »Deutschland. Ein Sommermärchen« (mit Sönke Wortmann), KiWi 970, 2006. »Wie ich einmal vergaß, Schalke zu hassen«, KiWi 986, 2007. »Die Fußball-Matrix«, KiWi 1180, 2010.

KiWi
PAPERBACK
1303

Fast alles über 50 Jahre Bundesliga

Christoph Biermann & Philipp Köster

Kiepenheuer & Witsch

1. Auflage 2013

Umschlaggestaltung: Rothfos und Gabler, Hamburg
Umschlagmotiv, von links nach rechts und von oben nach unten:
© imago/Kicker/Liedel; imago/Sven Simon; imago/WEREK; imago/Pfeil; Bongarts/Getty Images; imago/Kicker/Eissner, Liedel
Umschlagmotiv Rückseite: © imago/WEREK
Gesetzt aus der PF Centro Slab & Sans
Satz: Jürgen Frost, Köln
Illustrationen: Alexandra Frost, Köln
Druck und Bindearbeiten: GGP Media GmbH, Pößneck
ISBN 978-3-462-04500-0

»Ich schlage vor, Sie halten sich jetzt die Augen zu. Ich sage nämlich die Bundesliga-Ergebnisse.«

Johannes B. Kerner

Vorwort

Runde Geburtstage werden ja gerne von der Verwandtschaft genutzt, um den Jubilar mit zähen Diavorträgen und langatmigen Reden zu würdigen. Wir hingegen wollen uns kurzfassen. Und das ein ganzes Buch lang.

Der 50. Geburtstag der Fußballbundesliga war für uns Anlass genug, fünf Jahrzehnte deutschen Fußballs aus möglichst vielen, möglichst überraschenden Perspektiven zu betrachten. Wir haben uns daher auf die Suche nach Rekorden und Anekdoten gemacht, nach großen Persönlichkeiten und schrägen Vögeln. Nach den kleinsten Bundesligaorten, knüppelharten Verteidigern und den größten Fehleinkäufen, nach missratenen Mannschaftsfotos und tierliebenden Profis. Wir erzählen, wie eine Kobra Borussia Dortmund rettete und eine Spielerfrau Reiner Calmund ins Schwitzen brachte. Wir würdigen das Gesamtwerk von Andi Brehme und entdeckten einen langmähnigen Gladbacher, der mitten auf dem Platz ein verfassungsfeindliches Symbol nachbildete.

Bei alledem ging es uns selbstverständlich nicht um billige, kleine Lacher. Beziehungsweise erst in zweiter Linie. Vor allem wollten wir die Geschichte einer Liga erzählen, die uns seit unserer Jugend begleitet und uns in all den Jahren sehr ans Herz gewachsen ist. Erwartungsgemäß sind wir dabei sofort in die Nostalgiefalle getappt. Schließlich gehörten wir zu jenen, die sich in ihrer Kindheit samstags nachmittags entweder im Parka auf der Gegengerade am Wellenbrecher festhielten oder den sonoren Stimmen von Jochen Hageleit und Kurt Brumme im WDR lauschten, um dann vor achtzehn Uhr schnell noch in die Badewanne zu springen, kurz bevor Heribert Faßbender und Hans-Joachim Rauschenbach mit der ARD-Sportschau auf Sendung gingen.

Außerdem neigen Fußballfans insbesondere dann zu leichter Verklärung der Vergangenheit, wenn sie, wie in unserem Fall, Anhänger des VfL Bochum und von Arminia Bielefeld sind, deren Gegenwart nur mit großer Mühe verklärt werden kann. Also stöberten wir manchmal beinahe eine Spur zu gerührt in alten Autogrammen, Eintrittskarten und Programmheften. Wir bestaunten die buschigen Schnäuzer, die Ende der Siebziger zur Grundausstattung jedes Kickers gehörten, und Baumwolltrikots, auf denen die Vereinsembleme verblüffend nachlässig angebracht und ziemlich willkürlich platziert waren.

Die Reise durch die Vergangenheit offenbarte aber auch, dass manches früher eben doch nicht ganz so super war. Dass Geldboten samstags von Stadion zu Stadion eilen, um Spieler zu schmieren, ist heute kaum noch vorstellbar. Oder dass samstags abends im Fernsehen nur drei Partien gezeigt werden, weil man es nicht für nötig hält, mehr Spiele zu besetzen. Und dass dunkelhäutige Spieler von den Rängen mit Affenlauten beleidigt werden, wie das in den achtziger Jahren oft zu hören war, kommt gottlob auch nur noch selten vor.

Manches allerdings war früher vielleicht wirklich schöner. Zum Beispiel, dass Stadien noch nicht wie Firmenparkplätze hießen. Und dass am Samstag um Viertel nach fünf der Spieltag abgeschlossen war. Allein, wer will an einem runden Geburtstag schon den Kulturpessimisten geben? Wir nicht, obwohl zur Geschichte der Bundesliga auch das Raunen von ihrem baldigen Untergang gehört. Besonders beliebt waren solche Untergangsszenarien in den siebziger Jahren, als bereits Trikotsponsoring für eine Direktverbindung in die Kommerzhölle gehalten wurde, und später in den Achtzigern, als sich selbst zu Ligaspielen des FC Bayern München bisweilen weniger als 10.000 Zuschauer einfanden.

Tempi passati, wie Andreas Brehme sagen würde. Die Bundesliga ist heute so beliebt, so glitzernd, so wertvoll wie nie zuvor. Spitzenspiele werden in 200 Länder übertragen, die Stadien platzen aus allen Nähten und gerade wurde ein Fernsehvertrag abgeschlossen, der jeden Kassenwart früherer Jahrzehnte vor Begeisterung zum Riechsalz greifen ließe. Also fallen auch wir ein in den großen Jubelchor und danken an dieser Stelle der Bundesliga von ganzem Herzen. Für fünfzig Jahre große Unterhaltung. Für Ente Lippens, Ansgar Brinkmann und Ailton. Für Paradiesvögel und graue Mäuse. Für den Bieberer Berg, den Bökelberg und den Tivoli. Für Adi Furler und Dieter Kürten. Für die Torwand und das Tor des Monats. Für den Grotifanten und den Geißbock Hennes. Für Doublegewinner und Rekordabsteiger. Für die SG Wattenscheid 09 und die Stuttgarter Kickers. Und für den FC Bayern. Für Meisterschale und Torjägerkanone. Für Charly Neumann und Günter Eichberg. Für umgefallene Tore und bissige Hunde. Für Skandale und Meineide. Für Jahreshauptversammlungen mit viel Alkohol. Für Tränen der Freude und der Trauer. Für Wolf-Dieter Ahlenfelder und sein Zeitgefühl. Für Schalke und Dortmund. Für Walter Baresel. Und aus ganz persönlichen Gründen: für den VfL Bochum und Arminia Bielefeld. Wir danken der Bundesliga für alles. Oder um noch einmal den Titel dieses Buches aufzunehmen: für fast alles.

Christoph Biermann und Philipp Köster

PS: Stand aller statistischen Daten – 1. November 2012

Die Welt ändert sich, die Tanne steht

Kein Spieler hatte eine längere Bundesligakarriere als Klaus Fichtel, genannt »Tanne«. Zwischen seinem ersten und seinem letzten Bundesligaspiel lagen fast 23 Jahre – und fünf Bundeskanzler. Zum Ende seiner Karriere – Waldsterben war gerade ein großes Thema – hieß es daher: »Der Wald stirbt, die Tanne steht.«

Erstes Spiel: 14.8.1965
Ludwig Erhard (Bundeskanzler von 1963 bis 1966)

Kurt Georg Kiesinger
(1966–1969)

Willy Brandt
(1969–1974)

Helmut Schmidt
(1974–1982)

Letztes Spiel: 21.5.1988
Helmut Kohl (1982–1998)

Warten auf die Bundesligarückkehr

»Wir steigen auf, wir steigen ab und zwischendurch UEFA-Cup«, sangen die Anhänger des VfL Bochum, nachdem sich die einst »Unabsteigbaren« in ein Fahrstuhlteam verwandelt hatten. Allerdings kann es mit den Wiederaufstiegen mitunter ganz schön lange dauern. Doch allen zum Trost, die nun schon ewig warten: Fortuna Düsseldorf schaffte es selbst nach einem Abstieg in die Viertklassigkeit wieder nach ganz oben, und Alemannia Aachen gelang 2006 nach 36 Jahren die Rückkehr in die Bundesliga.

49 Jahre:	Preußen Münster
47 Jahre:	Tasmania Berlin*
44 Jahre:	Borussia Neunkirchen
40 Jahre:	Rot-Weiß Oberhausen
39 Jahre:	Fortuna Köln
38 Jahre:	Wuppertaler SV
36 Jahre:	Tennis-Borussia Berlin Rot-Weiss Essen
31 Jahre:	Darmstadt 98
29 Jahre:	Kickers Offenbach
26 Jahre:	Blau-Weiß 90 Berlin*
28 Jahre:	Eintracht Braunschweig
23 Jahre:	FC Homburg SV Waldhof Mannheim
21 Jahre:	Stuttgarter Kickers
20 Jahre:	1. FC Saarbrücken
19 Jahre:	Wattenscheid 09, VfB Leipzig*
17 Jahre:	KFC Uerdingen 05
13 Jahre:	SSV Ulm
12 Jahre:	SpVgg Unterhaching
9 Jahre:	1860 München
8 Jahre:	Dynamo Dresden
6 Jahre:	Alemannia Aachen
5 Jahre:	MSV Duisburg, Hansa Rostock
4 Jahre:	Arminia Bielefeld Karlsruher SC Energie Cottbus
3 Jahre:	VfL Bochum
2 Jahre:	FC St. Pauli
1 Jahr:	1. FC Kaiserslautern 1. FC Köln, Hertha BSC

*Verein aufgelöst

Helden von Bern, die noch in der Bundesliga spielten

Heinrich Kwiatkowski (Borussia Dortmund)
Helmut Rahn (MSV Duisburg)
Max Morlock (1. FC Nürnberg)
Hans Schäfer (1. FC Köln)

Lustige Mannschaften: Offenbach 1970

Zoo-Kempe, Glockenbrot und Mühlenleim (für die Lederwarenindustrie)! Kickers Offenbach freut sich über seine Kleinsponsoren, die demnächst auch neuen Rasen für den Fünf-Meter-Raum spendieren werden.

Bundesligisten als Amateurmeister

Zwischen 1951 und dem Ende des Wettbewerbs 1998 wurde in Deutschland der Amateurmeister ermittelt. Der Titel ging häufig an ehemalige Bundesligisten oder an die Amateurteams der Erstligisten.

1963	VfB Stuttgart Amateure
1964	Hannover 96 Amateure
1965	Hannover 96 Amateure
1966	Werder Bremen Amateure
1977	Fortuna Düsseldorf Amateure
1980	VfB Stuttgart Amateure
1981	1. FC Köln Amateure
1982	1. FSV Mainz 05*
1983	FC Homburg*
1985	Werder Bremen Amateure
1987	MSV Duisburg*
1991	Werder Bremen Amateure
1992	Rot-Weiss Essen*
1994	Preußen Münster*
1998	Tennis Borussia Berlin*

*erste Mannschaft

Alle Vereinsfarben

Rot-Weiß	**13**	Schwarz-Weiß-Grün	**2**	Lila-Weiß	**1**
Blau-Weiß	**11**	Blau-Schwarz	**2**	Schwarz-Weiß-Blau	**1**
Grün-Weiß	**4**	Weiß-Blau	**2**	Blau-Weiß-Schwarz	**1**
Rot-Blau	**3**	Rot-Schwarz	**1**	Rot-Schwarz-Weiß	**1**
Schwarz-Gelb	**3**	Braun-Weiß	**1**	Rot-Grün-Weiß	**1**
Schwarz-Weiß	**3**	Blau-Gelb	**1**		

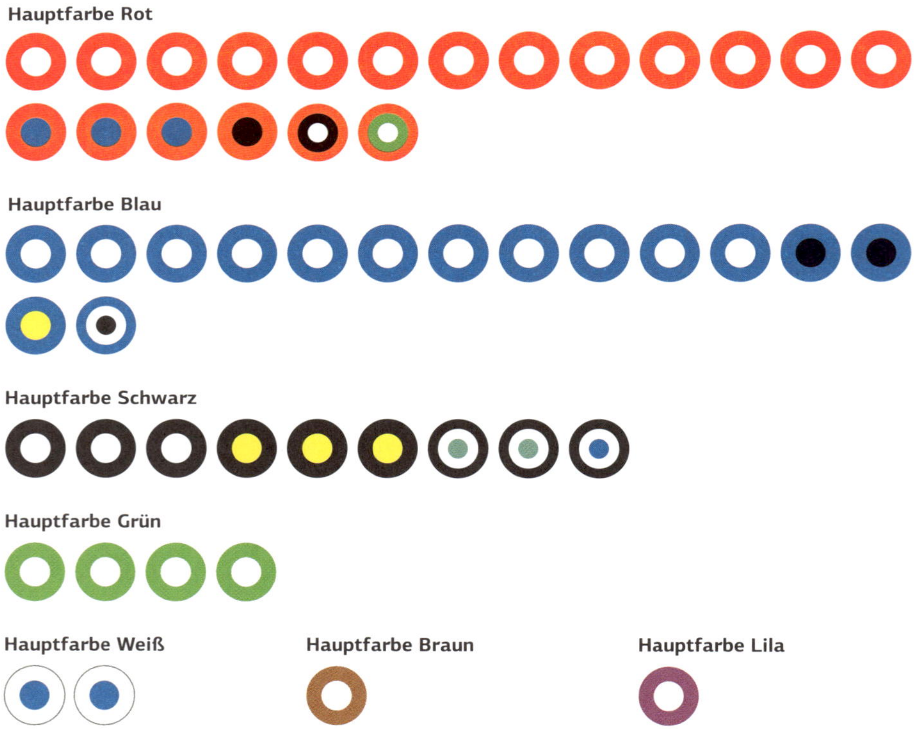

Gerd Müllers Torproduktion

4 Mal	5 Tore pro Spiel	**55 Mal**	2 Tore pro Spiel
10 Mal	4 Tore pro Spiel	**141 Mal**	1 Tore pro Spiel
18 Mal	3 Tore pro Spiel	**199 Mal**	0 Tore pro Spiel

1987 Toni Schumachers Buch »Anpfiff« erscheint

Wenn Fußballprofis ihre Erinnerungen verfassen, entstehen in der Regel tränenfeuchte Rückblicke auf große Triumphe, tolle Kameradschaft, unvergessliche Jahre. Aber Toni Schumacher hat sich als Fußballer selten an Regeln gehalten und er fängt beim Abfassen seiner Autobiografie auch nicht damit an. Stattdessen nennt er das Buch »Anpfiff« und nimmt darin keine Rücksicht auf niemanden. Fröhlich teilt er gegen die Kollegen aus, berichtet eindrücklich und farbenfroh von Zockerabenden im Trainingslager, empfiehlt Besuche von Huren im Mannschaftshotel und teilt überdies den erstaunten Lesern mit, dass sowieso in der Bundesliga flächendeckend gedopt werde. Zum Klassiker geraten vor allem die Schilderungen aus der WM-Vorbereitung 1982 am Schluchsee im Schwarzwald. Eine einzige Orgie scheint gefeiert worden zu sein. »Eike Immel pokerte schon wie ein Süchtiger. Andere bumsten bis zum Morgengrauen und kamen wie nasse Lappen zum Training gekrochen. Wieder andere gossen reichlich Whisky in sich rein, schlimmer als Quartalssäufer«, schreibt Schumacher, betont aber die feinen Unterschiede: »Breitner hat fast alles mitgemacht, aber mit einem gewaltigen Unterschied zu den anderen. Am nächsten Morgen auf dem Spielfeld lief er wie ein Uhrwerk. Nur die, die mit ihm getrunken hatten, krebsten rum wie Schnapsleichen.«

Wenig überraschend schlägt das Buch ein wie eine Bombe. Kaum hat das Nachrichtenmagazin »Der Spiegel« einen Auszug daraus vorab veröffentlicht, bricht ein Sturm der Entrüstung über den Keeper des 1.FC Köln herein. Teamchef Franz Beckenbauer, der das Werk zuvor gegenlesen wollte, attestiert Schumacher missgünstig, er habe das Buch »im Wahn« geschrieben. Sowohl aus der Nationalmannschaft als auch vom 1.FC Köln wird Schumacher gefeuert. Dass abseits der viel beachteten »Stellen« Toni Schumacher durchaus selbstkritisch seine Karriere und sein Verhalten reflektiert, geht im Mediengetöse unter. Dabei übernimmt der Torwart nicht nur die Verantwortung für die Niederlage im WM-Finale 1986 gegen Argentinien, sondern entschuldigt sich auch für das brutale Foul im WM-Halbfinale 1982 am Franzosen Battiston. Letztlich ist damit auch die Veröffentlichung von »Anpfiff« ein Stück tätige Reue. Denn der Ghostwriter des Buches ist Michel Meyer. Ein Franzose.

Bundesligaspieler, die versehentlich verfassungsfeindliche Symbole bilden

Günter Netzer, 1971

Die fünf jüngsten Bundesligisten

1. SSV Ulm 1846	1970 gegründet durch Fusion der TSG Ulm 1846 und des 1. SSV Ulm 1928.
2. FC Augsburg	1969 gegründet durch Fusion des BC Augsburg mit der Vertragsspielerabteilung des TSV Schwaben Augsburg.
3. FC Hansa Rostock	1965 gegründet durch Ausgliederung der Fußballabteilung aus dem SC Empor Rostock.
4. Energie Cottbus	1963 gegründet als SC Cottbus, 1966 in BSG Energie Cottbus umbenannt.
5. SG Dynamo Dresden	1953 gegründet.

Verschwundene Bundesligastadien

In ihrer Geschichte hat die Bundesliga einen gewaltigen Bauboom erlebt. Zur Einführung der Eliteklasse wurden viele Stadien ausgebaut, wie die »Rote Erde« in Dortmund (Foto). Vor den Weltmeisterschaften 1974 und 2006 sowie der Europameisterschaft 1988 wurden viele neu gebaut oder komplett modernisiert. Dabei waren die Klubs erstaunlich standorttreu. Die einzigen größeren Umzüge unternahmen Borussia Mönchengladbach und der FC Bayern gemeinsam mit 1860 München, die gut sechs bzw. knapp elf Kilometer vom alten Stadion entfernt neu bauten.

Verlassen und abgerissen

Aachen	▸ Tivoli
Essen	▸ Georg-Melches-Stadion
M'gladbach	▸ Bökelberg

Verlassen

Dortmund	▸ Stadion Rote Erde
Gelsenkirchen	▸ Glückaufkampfbahn
Gelsenkirchen	▸ Parkstadion
Mannheim	▸ Waldhofstadion
München	▸ Olympiastadion
Wolfsburg	▸ Stadion am Elsterweg

Weitgehender Umbau

Berlin	▸ Olympiastadion
Braunschweig	▸ Stadion an der Hamburger Straße
Bremen	▸ Weserstadion
Kaiserslautern	▸ Betzenberg
Stuttgart	▸ Neckarstadion

Neubau an gleicher Stelle

Bielefeld	▸ Alm
Bochum	▸ Stadion an der Castroper Straße
Dresden	▸ Rudolf-Harbig-Stadion
Duisburg	▸ Wedaustadion
Düsseldorf	▸ Rheinstadion
Frankfurt	▸ Waldstadion
Freiburg	▸ Dreisamstadion
Hamburg	▸ Volksparkstadion
Hannover	▸ Niedersachsenstadion
Köln	▸ Altes Müngersdorfer Stadion
Köln	▸ Müngersdorfer Stadion
Köln	▸ Radrennbahn
Leipzig	▸ Zentralstadion
Nürnberg	▸ Städtisches Stadion
Offenbach	▸ Bieberer Berg
Rostock	▸ Ostseestadion

GROSSE KLUBS

Borussia Dortmund

Mitglieder:	Platzierung ewige Tabelle:	Bundesliga-meisterschaften:	Abstiege:	Internationale Titel:
70.000	**5**	**5**	**1**	**3**

- Am 26. Februar 1966 besiegt der BVB im total nebligen Stadion Rote Erde Schalke 04 mit 7:0, bis heute der höchste Derbysieg. Anschließend sagte Lothar Emmerich: »Wenn wir was gesehen hätten, hätten wir noch viel höher gewonnen.«
- Zwischen 1976 und 1978 hatte der Klub statt des Kürzels BVB 09 den Löwen des holländischen Tabakherstellers Samson im Vereinswappen, der auch Trikotsponsor war.
- Größter Quälgeist unter den großen Spielern des BVB war für die eigenen Anhänger sicherlich Andreas Möller, der den Klub 1989 zum Pokalsieg führte – dem ersten Titel seit vielen Jahren –, am letzten Spieltag der Folgesaison übers Stadionmikrofon versprach zu bleiben und dann doch zu Eintracht Frankfurt zurückkehrte. Vier Jahre später war er wieder da, half zwei Meisterschaften und den Sieg in der Champions League nach Dortmund zu holen. Dann wechselte er zu Schalke 04 – und führte die Erzrivalen zu zwei Pokalsiegen.
- Der BVB entsandte bislang die meisten Spieler in die 1980 gegründete deutsche U21-Nationalmannschaft. Derzeit sind es 45.
- Das Vereinslied »Wir halten treu und fest zusammen« ist eines der ältesten aller Bundesligisten und wurde 1934 zum 25-jährigen Bestehen des Klubs eingeführt. Den Text zum traditionellen »Kaisermarsch« hatte der damalige Vereinsgeschäftsführer Heinrich Kersten geschrieben.
- Als Borussia Dortmund in der Saison 1969/70 in der Bundesliga Fünfter wurde, kamen im Schnitt 18.709 Zuschauer. In der Saison 2007/08 schauten durchschnittlich 72.510 Fans zu, wie der BVB Dreizehnter wurde.
- Reinhard Rauball ist seit dem 14. November 2004 zum dritten Mal Präsident von Borussia Dortmund. Beim ersten Mal, von 1979 bis 1982, war der Jurist mit nur 32 Jahren jüngster Präsident der Bundesligageschichte. In jeder seiner drei Amtszeiten, auch noch von 1984 bis 1986 und seit 2004, musste er den Klub vor dem Konkurs retten.
- Zum 100. Geburtstag beschenkte sich der BVB mit einer Edition von goldenen Trikots, die an die legendären »Flutlichttrikots« erinnern sollten, in denen 1963 Benfica Lissabon im Europapokal mit 5:0 überrannt worden war.

Dichter & Denker

Keine Erfindung der Ultras: Schon in den sechziger und siebziger Jahren wurde auf den Rängen fleißig gedichtet. Mal rumpelte das Versmaß, mal wurden nur schnöde Befehlszeilen getextet, mal wurde es gar überraschend religiös. 17

Was reicht und was nicht reicht

Verblüffend, mit wie wenig Zählern man die Klasse erhalten kann und wie sehr die Punktzahl schwankt, die nicht zur Meisterschaft reicht.

Saison	Zweiter & Nichtabsteiger	Punkte
2011/2012	Bayern München	73
	Hamburger SV (15.)	36
2010/2011	Bayer Leverkusen	68
	Borussia Mönchengladbach (16.)	36*
2009/2010	Schalke 04	65
	1. FC Nürnberg (16.)	31*
2008/2009	Bayern München	67
	Borussia Mönchengladbach (15.)	31
2007/2008	Werder Bremen	66
	Arminia Bielefeld (15.)	34
2006/2007	Schalke 04	68
	VfL Wolfsburg (15.)	37
2005/2006	Werder Bremen	70
	VfL Wolfsburg (15.)	34
2004/2005	Schalke 04	63
	Borussia Mönchengladbach (15.)	36
2003/2004	Bayern München	68
	1. FC Kaiserslautern (15.)	36
2002/2003	VfB Stuttgart	59
	Bayer Leverkusen (15.)	40
2001/2002	Bayer Leverkusen	69
	1. FC Nürnberg (15.)	34
2000/2001	Schalke 04	62
	VfB Stuttgart (15.)	38
1999/2000	Bayer Leverkusen	73
	Hansa Rostock (15.)	38
1998/1999	Bayer Leverkusen	63
	Eintracht Frankfurt (15.)	37**
1997/1998	Bayern München	66
	Borussia Mönchengladbach (15.)	38**

Saison	Zweiter & Nichtabsteiger	Punkte
1996/1997	Bayer Leverkusen	69
	Hansa Rostock (15.)	40
1995/1996	Bayern München	62
	FC St. Pauli (15.)	38
1994/1995	Werder Bremen	68
	Bayer Uerdingen (15.)	32
1993/1994	1. FC Kaiserslautern	61
	SC Freiburg (15.)	38**
1992/1993	Bayern München	65
	Dynamo Dresden (15.)	34
1991/1992	Borussia Dortmund	72
	Wattenscheid 09 (16.)	41
1990/1991	Bayern München	63
	1. FC Nürnberg (15.)	39
1989/1990	1. FC Köln	60
	VfL Bochum (16.)	40*
1988/1989	1. FC Köln	63
	Eintracht Frankfurt (16.)	34*
1987/1988	Bayern München	70
	Waldhof Mannheim (16.)	35*
1986/1987	Hamburger SV	66
	FC Homburg (16.)	27*/***
1985/1986	Werder Bremen	69
	Borussia Dortmund (16.)	38*
1984/1985	Werder Bremen	64
	Fortuna Düsseldorf (15.)	39**
1983/1984	Hamburger SV	69
	Eintracht Frankfurt (15.)	34*
1982/1983	Werder Bremen	75
	Eintracht Braunschweig (15.)	35
1981/1982	1. FC Köln	63
	Bayer Leverkusen (15.)	34*
1980/1981	Hamburger SV	70
	Arminia Bielefeld (15.)	36
1979/1980	Hamburger SV	68
	Bayer Uerdingen (15.)	41

Saison	Zweiter & Nichtabsteiger	Punkte	
1978/1979	VfB Stuttgart Schalke 04 (15.)	37	68
1977/1978	Borussia Mönchengladbach Werder Bremen (15.)	44	68
1976/1977	Schalke 04 VfL Bochum (15.)	40	60
1975/1976	Hamburger SV Karlsruher SC (15.)	42	58
1974/1975	Hertha BSC Werder Bremen (15.)	34	63
1973/1974	Borussia Mönchengladbach Wuppertaler SV (16.)	33**	69
1972/1973	1. FC Köln Hannover 96 (16.)	35	59
1971/1972	Schalke 04 Hannover 96 (16.)	33	76
1970/1971	Bayern München RW Oberhausen (16.)	36**	67
1969/1970	Bayern München Eintracht Braunschweig (16.)	37	68
1968/1969	Alemannia Aachen Borussia Dortmund (16.)	41	54
1967/1968	Werder Bremen 1. FC Kaiserslautern (16.)	36	62
1966/1967	München 1860 Werder Bremen (16.)	39	58
1965/1966	Borussia Dortmund Karlsruher SC (16.)	33	66
1964/1965	1. FC Köln Schalke 04 (16.)	29***	52
1963/1964	MSV Duisburg Hertha BSC (14.)	33	52

Alle umgerechnet auf Drei-Punkte-Regel. Saison 1990/91 mit 20, erste beiden Spielzeiten mit 16 Teams

* erfolgreich in der Relegation
** besseres Torverhältnis
*** Wegen Aufstockung der Bundesliga keine Absteiger, Hertha BSC wurde die Lizenz entzogen

Meister im Michel

Die Liga im Briefmarkenkatalog: Von 1995 bis 1999 würdigte die Deutsche Post den Deutschen Meister mit einer Briefmarke. Die fünf Briefmarken hatten den Frankaturwert eines Standardinlandbriefes. Bei der Gestaltung wurde darauf geachtet, dass keine Spieler zu erkennen sind, allerdings lassen auf der 97er-Marke die Trikotnummern gewisse Rückschlüsse zu. Ein paar Bundesligakicker hatten schon zuvor den Weg aufs Postwertzeichen geschafft, allerdings mit dem Umweg über die WM 1974: Horst Wolter und Uli Hoeneß.

Die vierte Dekade: 1993/94 – 2002/03

Meiste Titel: FC Bayern München (6)

Zahl der unterschiedlichen Titelträger: 3

Mannschaft des Jahrzehnts:

Oliver Kahn

Christian Wörns, Jürgen Kohler, Matthias Sammer, Thomas Helmer

Jens Jeremies

Andreas Möller, Stefan Effenberg

Giovane Elber, Ulf Kirsten, Anthony Yeboah

Aufsteiger des Jahrzehnts: SC Freiburg

Jahrzehntelang war der Sportclub selbst in der Nicht-Fußballstadt Freiburg nur die Nummer zwei gewesen. Doch unter dem eigenwilligen Oberstudienrat Volker Finke wurden sie ab 1993 zu spielstarken »Breisgau-Brasilianern« und etablierten sich zur allgemeinen Verblüffung langfristig in der Bundesliga.

Tragischer Fall: Bayer Leverkusen

Für andere Klubs wäre es eine Erfolgsgeschichte, aber Bayer wurde in dieser Dekade vier Mal Zweiter und zwei Mal Dritter, ohne die Deutsche Meisterschaft zu gewinnen. Besonders tragisch war es, als sie 2002 noch die Finale in der Champions League und dem DFB-Pokal verloren. Damit waren sie endgültig: »Vizekusen«.

Aufreger: Fernsehen

Die große Wende hatte schon 1992 begonnen, als Sat.1 mit »ran« die Bundesliga übertrug. Doch in dieser Dekade veränderte das Fernsehen sowohl die Wahrnehmung des Spiels als auch den äußeren Rahmen. Fortan wurde nicht mehr samstags um halb vier gespielt, sondern am ganzen Wochenende.

Im Schatten von Sepp

Voller Stolz darf Sepp Maier auf eine Serie von 442 Spielen ohne Unterbrechung im Tor des FC Bayern schauen, für seine Ersatzleute in München hingegen dürfte das eher ein Alptraum gewesen sein. So durfte Hans-Werner Kosar in der Aufstiegssaison 1964/65 zwar noch in drei Spielen ran, doch in den folgenden drei Jahren kam kein weiteres Bundesligaspiel hinzu. Sein Nachfolger Manfred Seifert kam im Alter von 20 Jahren und durfte am vorletzten Spieltag der Saison 1969/70 in den letzten elf Minuten beim 6:2 über Oberhausen ran. In den nächsten beiden Spielzeiten kam er auf drei weitere Einwechslungen. Nach insgesamt 83 Bundesligaminuten ersetzte in Hugo Robl, der in drei Jahren komplett auf der Bank saß. So ging es auch 1976/77 seinem Nachfolger Hubertus Licht, der im Jahr danach von Walter Junghans ersetzt wurde. Der sollte in der Saison 1979/80 Sepp Maier schließlich ablösen, doch zuvor schaute auch er zwei Jahre lang nur zu. Als Maier seine Karriere beendete, hatten seine fünf Ersatzleute in 14 Bundesligajahren zusammen nur 353 von 42.840 möglichen Spielminuten auf dem Platz gestanden.

Große Worte:
Die Bundesliga über Erotik

»Wir wollen uns nacheinander einen nach dem anderen da oben runterholen.«

Thorsten Fink, handentspannt.

»Meine Spieler haben alle einen Zipfel.«

Peter Pacult hat nachgeschaut.

»Vor der Saison hat man mir mitgeteilt, dass wir vorne gut bestückt sind.«

Size does matter, weiß auch Jupp Heynckes.

»Rudi Völler wird weiterhin unsere Infrastruktur samt Sekretärin nutzen können.«

Ewig lockt das Weib, weiß Reiner Calmund.

»Wir müssen endlich den Arsch hochkriegen und Eier zeigen.«

Kein schöner Anblick, Martin Pieckenhagen.

»Auch Babbel hat das Loch von Kohler hervorragend ausgefüllt.«

Karl-Heinz Feldkamp, Genießer.

»Julio Cesar hat sich heute Nacht fortgepflanzt, Victoria heißt die Kleine.«

Das ging aber schnell, Jörg Dahlmann.

»Ich denke, dass ich auch jemand bin, den man sehr gut anfassen kann.«

Andreas Möller auf der Massagebank.

»Ich brauche Spieler, die auf dem Platz die Rute rausholen.«

Es weihnachtet bei Matthias Sammer.

»Ein Sehnenriss am Schambeinknochen. Hört sich lustig an, ist aber trotzdem beim Fußball passiert.«

Das glaubt doch keiner, Thomas Strunz.

»Das beste Trainingslager ist eine Frau, die eigene natürlich.«

Schön wär's, Willi Lemke.

»Herzlichen Glückwunsch an Marco Kurz. Seine Frau ist zum zweiten Mal Vater geworden.«

Thomas Häßler gratuliert auch der Mutter Marco.

»Wenn ich den Martin Schneider weiter aufstelle, denken die Leute am Ende noch, ich sei schwul.«

Keine größere Katastrophe vorstellbar für Friedel Rausch.

»Zu meiner Frau habe ich ein Vater-Sohn-Verhältnis.«

Oliver Reck kennt seinen Stammbaum.

»Immer wenn ich breit bin, werde ich spitz.«

Wolfram Wuttke, ein anatomisches Phänomen.

Ausrichtung der Stadien

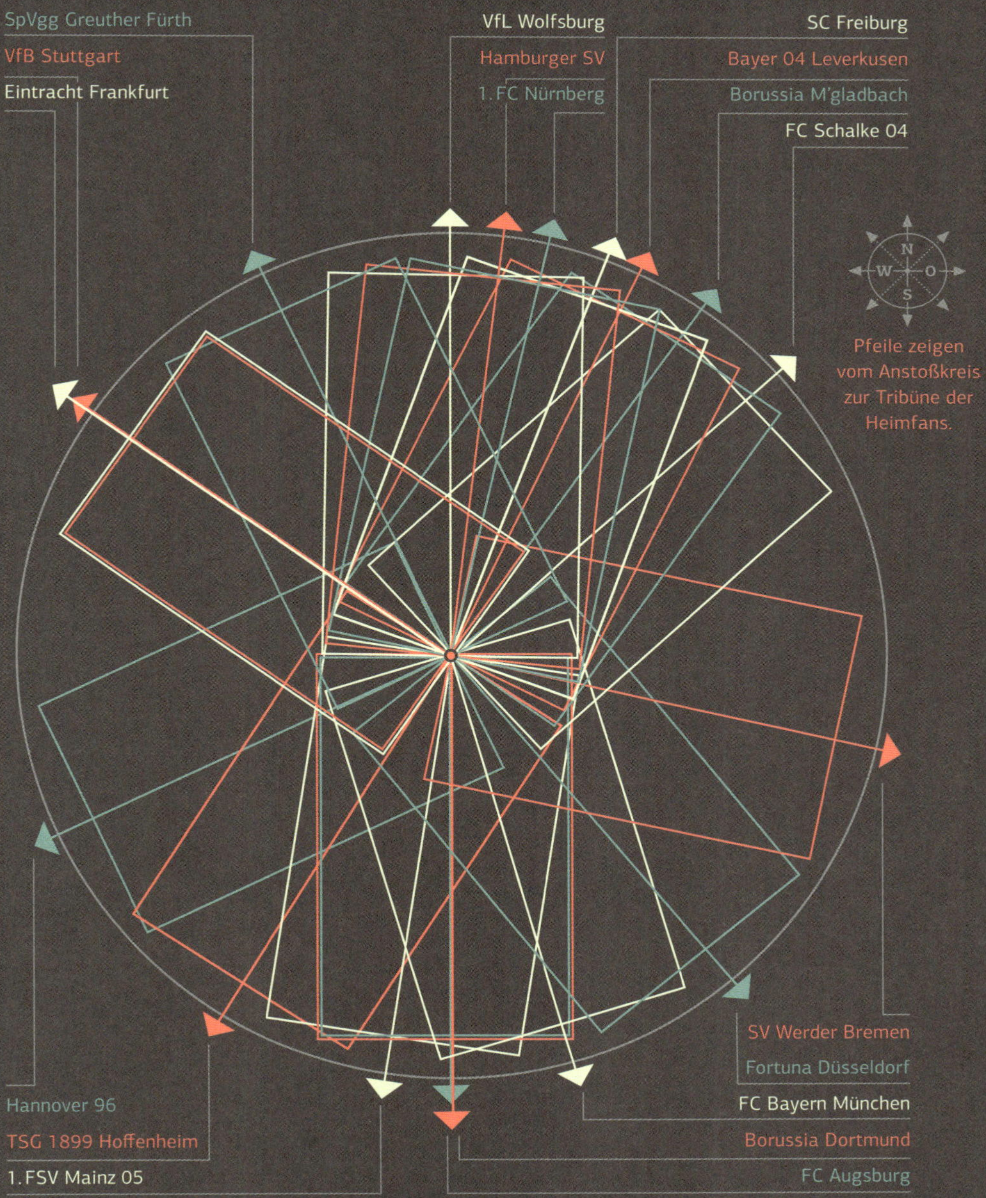

Rechts ist frei

Alle Gründe, warum Bundesligaspieler Niko Semlitsch in der Saison 1976/77 von seinen Mannschaftskameraden vom 1. FC Saarbrücken nicht mehr allzu gerne als Beifahrer mitgenommen wurde.

01 Jürgen Marek verursacht Auffahrunfall, Beifahrer: **Niko Semlitsch.**
02 **Niko Semlitsch** verkauft seinen Mercedes, der neue Besitzer verursacht zwei Tage später einen Totalschaden.
03 **Niko Semlitsch** touchiert mit seinem Citroen DS 19 den R 30 von Luggi Denz, Beschädigungen an Tür und Kotflügel sind die Folge.
04 **Niko Semlitsch** muss sich für die Rückfahrt einen R 5 von Freunden ausleihen, das Resultat: Motorschaden.
05 Dieter Ferner baut einen Unfall mit Blechschaden, Beifahrer: **Niko Semlitsch.**
06 **Niko Semlitsch** will mit seinem Capri einem rangierenden Wagen ausweichen, ein herannahender Motorradfahrer prallt in die Wagenseite.
07 Ludwig Schusters Porsche erleidet einen Totalschaden, der Beifahrer ist – wenig überraschend – **Niko Semlitsch.**

Ich kann nur daheim

Eigentlich sind die Tore auswärts auch nicht kleiner, aber diese Spieler weigerten sich partout, auf fremdem Platz zu treffen.

Spieler	Team	Zeitraum	Tore
Fred Hoff	Hannover 96, Rot-Weiß Oberhausen	1965 – 1972	12
Werner Biskup	Fortuna Düsseldorf, 1. FC Köln	1966 – 1971	11
Reinhard Majgl	VfL Bochum	1972 – 1974	10
Sebastian Helbig	FC Energie Cottbus	2000 – 2002	8
Roland Gerber	1. FC Köln	1976 – 1980	8
Reiner Geyer	1. FC Nürnberg	1985 – 1987	8
Michael Kühn	VfL Bochum	1983 – 1986	8

1987 | Der Sommer des Uwe Rahn

Es ist unglaublich, welches Füllhorn des Fußballglücks sich in der Saison 1986/87 über den damals 25 Jahre alten Gladbacher Mittelfeldspieler Uwe Rahn ergießt. So viele Tore wie er hat in der Bundesliga noch nie ein Mann auf seiner Position erzielt. Er führt Borussia Mönchengladbach, für die er in jener Spielzeit jeden dritten Treffer erzielt, auf Platz drei in der Bundesliga. Die deutschen Sportjournalisten wählen ihn zum Fußballer des Jahres, und dann kommt auch noch ein unglaubliches Angebot. Der PSV Eindhoven will die gesamten 15 Millionen Mark, die der holländische Meister für den Transfer von Europas Fußballer des Jahres Ruud Gullit eingenommen hat, für einen Transfer von Rahn wieder ausgeben. Doch Gladbach lässt ihn nicht gehen, und Rahn spielt nie mehr so gut wie zuvor, was auch an häufigen Verletzungen liegt. Zwei Jahre später wechselt er zum 1. FC Köln, gegen den er besonders oft getroffen hat. Doch trotz zweier zweiter Plätze findet er auch dort seine verlorene Form so wenig wieder wie später bei Hertha BSC, Eintracht Frankfurt und schließlich bei den Red Urawa Diamonds in Japan. Enttäuscht kapselt er sich völlig vom Fußball ab und ist selbst für seine alten Kollegen nicht mehr zu erreichen, als er nach Italien zieht, und auch nicht, als er 2012 nach Deutschland zurückkehrt, wo seine Frau in Bayern im Schuldienst arbeitet.

Aus elf Metern

Berühmte Strafstöße, von Kaltz bis Kutzop (Foto).

01. **13. November 1971**

Manfred Kaltz trifft zum 2:2-Ausgleich des Hamburger SV beim MSV Duisburg. Es ist der erste von 53 Elfmetern, die der Hamburger Rekordspieler im Laufe seiner Karriere verwandeln wird. Nur sieben Strafstöße verschießt er. Er ist damit der wohl sicherste Schütze der Bundesligageschichte. Auch sonst erweist sich Kaltz als großer Innovator: Er erfindet die Bananenflanke, eine sich vom Torwart tückisch wegdrehende Hereingabe.

02. **22. April 1986**

Der 33. Spieltag, es läuft die 88. Minute. **Michael Kutzop** muss nur noch diesen Elfmeter gegen den ärgsten Verfolger Bayern München verwandeln, dann ist der SV Werder Bremen Deutscher Meister. Kutzop jedoch versagen die Nerven, er knallt den Ball an den Außenpfosten, das Spiel endet 0:0. Am letzten Spieltag verliert Bremen in Stuttgart. Bayern wird mit einem 6:0 gegen Mönchengladbach Meister.

03. **17. April 2004**

Hans-Jörg Butt ist ein sicherer Elfmeterschütze. Das wäre nicht weiter verwunderlich, wäre er nicht in Personalunion Torhüter. Gegen Schalke tritt Butt auch als Schütze an, versenkt den Ball lässig, lässt sich von seinen Mitspielern gratulieren, läuft in sein Tor zurück – und muss machtlos mit ansehen, wie sich der Ball über ihm ins Tor senkt. Schalkes Mike Hanke hat es mit einem Weitschuss probiert. Da müssen selbst Butts Mitspieler schmunzeln.

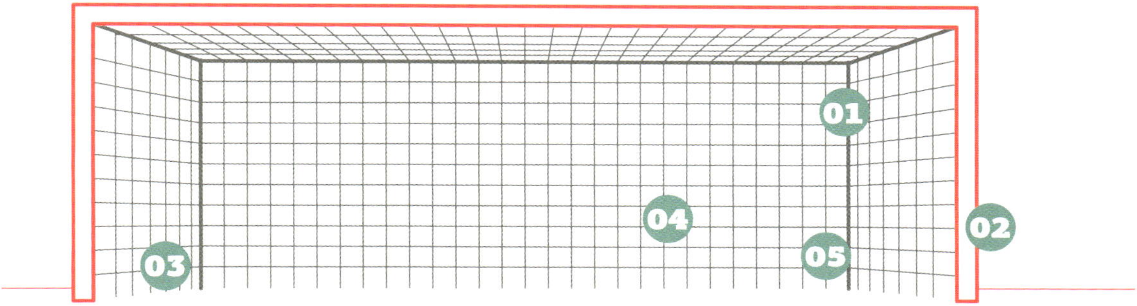

Unhaltbar & verschossen: Legendäre Strafstöße und ihre Positionen

04. **7. Dezember 2008**

Als Hannovers Keeper Florian Fromlowitz in der 82. Minute Wolfsburgs Stürmer Edin Dzeko von den Beinen holt und mit Roter Karte vom Platz muss, ist Hannovers Auswechselkontingent bereits erschöpft. Also muss **Jan Rosenthal,** im Hauptberuf Mittelfeldspieler, vor dem anschließenden Elfmeter in den Kasten. Rosenthal ahnt die Ecke, hält den Strafstoß. Was allerdings die 1:2-Niederlage beim Nachbarn auch nicht verhindert.

05. **12. April 2012**

Ein grauenhafter Abend für **Arjen Robben.** Das Spiel bei Borussia Dortmund soll die Wende im Meisterschaftskampf bringen. Stattdessen geht alles schief, was schief gehen kann – insbesondere für Bayerns holländischen Flügelmann. Erst hebt er bei Lewandowskis Führungstor das Abseits auf, dann verschießt er kurz vor Schluss den entscheidenden Elfmeter gegen Keeper Roman Weidenfeller, der die Ecke ahnt, und versemmelt schließlich noch eine Großchance.

Verwechselt und gestrauchelt

Paragraph 25, Absatz 4 der Lizenzspielerstatuten besagt: Der Einsatz eines nicht spielberechtigten Spielers hat zur Folge, dass »das Spiel für den Verein als verloren zu werten« ist. Nur war die Regelung, wer denn nun eigentlich spielberechtigt ist, oft so kompliziert, dass Trainer dabei die Übersicht verloren.

Hennes Weisweiler

Für den ersten Wechselfehler sorgte 1977 Hennes Weisweiler. Beim Spiel des 1. FC Köln in Frankfurt brachte er mit dem belgischen Millionenmann Roger van Gool einen dritten ausländischen Spieler, damals waren aber nur zwei erlaubt. Da Köln 0:4 verlor, blieb der Fehler folgenlos.

Giovanni Trapattoni

1994/95 spielte der FC Bayern am 26. Spieltag bei Eintracht Frankfurt und siegte mit 5:2. Der Sieg war für Trainer Giovanni Trapattoni immens wichtig, denn die Bayern standen nur auf Platz sechs der Tabelle. Doch der Befreiungsschlag war keiner, denn in der 73. Minute hatte Trapattoni den jungen Dietmar Hamann eingewechselt. Der war damals noch Vertragsamateur, und weil das auch für den Torwart Sven Scheuer sowie die Feldspieler Sammy Kuffour und Marco Grimm galt, war es einer zu viel. Damit war das Spiel verloren, die Bayern wurden am Ende der Saison nur Sechster und Trapattoni wurde durch Otto Rehhagel ersetzt.

Horst Heese

1993 verhedderte die Eintracht sich ausnahmsweise mal selber im Regelwerk, das allerdings tückisch war. Drei Ausländer waren damals erlaubt, die Eintracht aber durfte in Uerdingen mit vieren starten, denn Slobodan Komljenovic fiel als Fußballdeutscher nicht unter die Ausländerbeschränkung. Als er sich verletzte, brachte Trainer Horst Heese mit dem Slowaken Marek Penksa jedoch einen wirklichen Ausländer, die Korrektur nach sechs Minuten kam zu spät. Der 5:2-Erfolg in Uerdingen wurde in ein 0:2 umgewandelt.

Otto Rehhagel

In der Saison 1998/99 empfing der Deutsche Meister 1. FC Kaiserslautern am sechsten Spieltag den VfL Bochum. Beim Stand von 1:0 für Lautern brach sich der Däne Michael Schjönberg kurz vor der Pause das Schienbein und musste ausgewechselt werden. Trainer Otto Rehhagel schickte den Nigerianer Pascal Ojigwe aufs Feld, doch standen mit den Ägyptern Hany Ramzy und Samir Ibrahim sowie dem Brasilianer Ratinho nun vier nicht-europäische

Profis auf dem Platz – einer zu viel. Als Rehhagel direkt nach der Einwechslung von einem Funktionär auf seinen Fehler aufmerksam gemacht wurde, holte er den Ägypter Ramzy vom Feld. Im Wissen um die sichere Niederlage am Grünen Tisch verloren die Lauterer trotz zwischenzeitlicher 2:0-Führung noch mit 2:3, Bochum verzichtete auf einen Einspruch.

Winnie Schäfer

1995/96 wechselte KSC-Trainer Winnie Schäfer beim Heimspiel gegen Bayer Leverkusen mit Sergej Kirjakow einen vierten Ausländer ein. Der Karlsruher Stadionsprecher wollte Schäfer noch mit den Worten »Winnie, zähl' deine Ausländer« stoppen, doch da war es schon zu spät. Schnell holte Schäfer den Schweizer Adrian Knup vom Platz, aber das hätte auch nicht mehr geholfen. Der Fehler spielte allerdings keine Rolle, denn der KSC verlor mit 1:4.

Klaus Augenthaler

Am letzten Spieltag der gleichen Saison empfing der FC Bayern, der gerade den UEFA-Pokal gewonnen hatte, Fortuna Düsseldorf. Das Spiel war bedeutungslos, für den verkaterten Trainer Franz Beckenbauer saß Klaus Augenthaler auf der Bank. Zur Pause wechselte er gleich vier Mal aus, was nicht einmal die Schiedsrichter bemerkten. Die Münchner machten aus einem 0:2-Rückstand zur Pause noch ein 2:2. Düsseldorf verzichtete trotzdem auf einen Protest. Somit ist die Partie die einzige der Bundesligageschichte mit sieben Auswechslungen.

Torhüter mit den meisten Gegentoren

Nicht dass hier ein Missverständnis aufkommt: Alle diese Männer auf der Linie sind ausgewiesene und große Könner ihres Fachs gewesen. Sie haben einfach lange genug in der Bundesliga gespielt, um überhaupt so viel öfter hinter sich greifen zu können als mancher Konkurrent.

		Spiele	Gegentore
1.	**Eike Immel**	534	829
2.	**Dieter Burdenski**	478	796
3.	**Toni Schumacher**	464	715
4.	**Rudi Kargus**	408	681
5.	**Norbert Nigbur**	456	670
6.	**Gerhard Heinze**	398	661
7.	**Sepp Maier**	473	653
8.	**Richard Golz**	453	646
9.	**Wolfgang Kleff**	433	632
10.	**Uli Stein**	512	626

Naturkrause & Dauerwelle

Lange Jahre wurde in der Liga entschlossen »Ja« zur Locke gesagt. Ob im Genpool vorhanden wie bei Dortmunds Werner Schneider oder nachträglich vom Friseur eingedreht wie bei Bielefelds Norbert Dronia und 96-Kämpe Uwe Ronge.

Rekorde, die keiner halten will

Schnellster Platzverweis bei Bundesligadebüt: Sechs Minuten. Arthur Sobiech, Hannover (2011/12).

Einziger Verein, der alle Auswärtsspiele einer Saison verlor: 1. FC Nürnberg (1983/84).

Wenigste Tore in einer Bundesliga-Rückrunde: Sieben. Tasmania Berlin (1965/66) und Eintracht Frankfurt (2010/11).

Früheste Trainerentlassung: Jörn Andersen. Bereits vor Saisonstart 2009/10.

Höchste Niederlage: 0:12. Borussia Dortmund bei Borussia Mönchengladbach am 29.4.1978.

Meiste Eigentore in einem Spiel: Drei. Borussia Mönchengladbach beim 3:5 im Dezember 2009 gegen Hannover 96, drei Eigentore

Meiste Platzverweise in einem Spiel: Vier (2 x Rot, 2 x Gelb-Rot). SSV Ulm bei Hansa Rostock.

Einzige Hinrunde ohne Auswärtstor: Borussia Mönchengladbach (1996/97).

Meiste Entlassungen als Trainer: Sechs. Jörg Berger.

Meiste Elfmeter in einer Saison gegen sich: 17*. Hannover 96, 14 Elfmeter verwandelt.

Schnellste Rote Karte nach Saisonbeginn: 93 Sekunden. Youssef Mohamad, 1. FC Köln (2010/2011).

Schnellster Eigentor-Doppelpack: In drei Minuten. Nikolce Noveski, Mainz 05 (2005/06), vierte und sechste Minute gegen Eintracht Frankfurt (Endstand 2:2).

Meiste Bundesligaeinsätze ohne komplettes Spiel: 36. Paschalis Seretis, SC Freiburg (32 Mal ein- und viermal ausgewechselt).

Meiste Auswechslungen in einer Saison: 32. Markus Feldhoff, Bayer Uerdingen (1995/96), und Roberto Pinto, Arminia Bielefeld (2005/06).

Meiste Heimniederlagen der Bundesligageschichte: 169. 1. FC Köln

*sonst kein Team mehr als zwölf Elfmeter

Die Rehhagel-Schule

Otto Rehhagel ist nicht nur der Bundesligatrainer mit den meisten Spielen, er hatte auch die meisten Schüler. Jedenfalls kann kein anderer Trainer auf eine so große Zahl ehemaliger Spieler verweisen, die ebenfalls Bundesligatrainer wurden und von denen sich viele auch ausdrücklich als Rehhagels Schüler verstehen.

Thomas Schaaf (Werder Bremen)
Wolfgang Sidka (Werder Bremen)
Frank Neubarth (Schalke 04)
Norbert Meier (MSV Duisburg, Fortuna Düsseldorf)
Benno Möhlmann (Hamburger SV, Arminia Bielefeld)
Uwe Reinders (Hansa Rostock)
Siggi Held (Schalke 04, Dynamo Dresden)
Josef Hickersberger (Fortuna Düsseldorf)
Gernot Rohr (Eintracht Frankfurt)
Jürgen Röber (VfB Stuttgart, Hertha BSC, VfL Wolfsburg, Borussia Dortmund)
Frank Pagelsdorf (Hansa Rostock, Hamburger SV)
Lorenz-Günther Köstner (1. FC Köln, VfL Wolfsburg)
Rudi Bommer (MSV Duisburg)
Jürgen Klinsmann (FC Bayern München)
Markus Babbel (VfB Stuttgart, Hertha BSC, TSG Hoffenheim)

Außerdem trainierte Rehhagel noch eine Fülle späterer Trainer:

Ciriaco Sforza
Uwe Rösler
Lothar Matthäus
Rudi Völler
Mehmet Scholl
Wolfgang Frank
Didi Hamann
Mirko Votava
Hans-Werner Moors
Mario Basler
Oliver Reck
Hans-Günther Bruns
Andreas Herzog
Dieter Eilts
Arie van Lent
Karl-Heinz Kamp
Thomas Wolter

Auswärts daheim

Immer wieder mussten Bundesligisten ihre Heimspiele jenseits des eigenen Stadions austragen, aus sehr unterschiedlichen Gründen.

1. FC Köln Das erste Auswärtsheimspiel traf den 1. FC Köln und war Folge einer Platzsperre, nachdem Kölner Zuschauer den Linienrichter attackiert hatten. Deshalb wurde das Spiel gegen Eintracht Braunschweig am 21. März 1964 in Wuppertal ausgetragen. Köln siegte 4:1 und wurde wenige Wochen später erster Bundesligameister.

Hannover 96 Als das Niedersachsenstadion für die WM 1974 umgebaut wurde, konnte Hannover 96 dort einige Male nicht spielen. Die Stadt musste der Klub aber nicht verlassen, sondern ging in seine alte Heimat, das Eilenriede-Stadion.

Offenbacher Kickers Das größte Bundesligaspiel der Offenbacher Kickers fand nicht etwa am Bieberer Berg statt, sondern im Frankfurter Waldstadion, wo der OFC am ersten Spieltag der Saison 1974/75 den aktuellen Deutschen Meister und Europapokalsieger FC Bayern mit 6:0 besiegte.

VfL Bochum Im Frühjahr 1976 war der VfL Bochum mitten im Abstiegskampf gezwungen, das eigene Stadion zu verlassen, weil dort gebaut wurde. Sechs Spiele trug man im Stadion am Schloss Strünkede des SC Westfalia Herne aus, fürs Lokalderby gegen Schalke 04 ging es am 2. April ins Westfalenstadion nach Dortmund. Damit wurde das erste Bundesligaspiel dort von den beiden Revierrivalen ausgetragen, denn der BVB spielte noch in der zweiten Liga.

FC St. Pauli Während seiner ersten Saison in der Bundesliga trug der FC St. Pauli 1977/78 alle Heimspiele im Volksparkstadion des Lokalrivalen Hamburger SV aus, teilweise kamen gerade mal 5000 Zuschauer.

Borussia Mönchengladbach Weil der Bökelberg für große Spiele zu klein war, ging Borussia Mönchengladbach für wichtige Europapokal- und Bundesligaspiele ins Düsseldorfer Rheinstadion, wo auch der höchste Bundesligasieg aller Zeiten gelang: das 12:0 gegen Borussia Dortmund 1978.

1. FC Kaiserslautern Zu Beginn der Bundesligasaison 1978/79 war der 1. FC Kaiserslautern aufgrund des Ausbaus des Betzenbergs für zwei Heimspiele zu Gast im Südweststadion Ludwigshafen.

SV Waldhof Mannheim Ebenfalls in Ludwigshafen, und das gleich sechs Jahre lang, trug der SV Waldhof Mannheim von 1983 bis 1989 insgesamt 102 Bundesligaspiele aus. Erst in der Saison 1989/90 ging es zurück ins eigene Waldhofstadion am Alsenweg, weil das Stadion in Ludwigshafen zu teuer wurde und die Zuschauerzahlen zurückgingen. Als endlich das neue Carl-Benz-Stadion 1994 eingeweiht wurde, war Waldhof schon aus der ersten Liga abgestiegen.

Stuttgarter Kickers Zweimal spielten die Stuttgarter Kickers für jeweils eine Saison in der Bundesliga, und vielleichten schafften sie den Klassenerhalt auch deshalb nicht, weil sie sowohl 1988/89 als auch 1991/92 im Neckarstadion des Lokalrivalen VfB Stuttgart spielen mussten, in dem angesichts eines Zuschauerschnitts von weniger als 13.000 Fans kaum einmal Stimmung aufkam.

SG Wattenscheid 09 In den vier Bundesligajahren von 1990 bis 1994 wich die SG Wattenscheid 09 zu Spitzenspielen immer wieder ins Bochumer Ruhrstadion aus.

TSV 1860 München Eine fast schon philosophische Frage ist es, ob für den TSV 1860 München die zehn Bundesligajahre zwischen 1994 und 2004 im Olympiastadion nicht welche im Exil waren, denn obwohl es nicht dem Lokalrivalen FC Bayern gehörte, fühlte es sich für die meisten Fans der Löwen so an.

TSG Hoffenheim Auch ohne den SV Waldhof wurde im Carl-Benz-Stadion in Mannheim schließlich Bundesligafußball gespielt, allerdings von der TSG Hoffenheim, die hier die Hinrundenspiele der Aufstiegssaison 2009/10 absolvierte, bevor sie ins neue Stadion nach Sinsheim weiterzog.

Adel verpflichtet

Von und zu! Spieler mit landadligen Vorfahren in der Bundesliga.

Markus von Ahlen (Bayer Leverkusen)
Thomas von Heesen (Hamburger SV)
Peter von Kummant (1. FC Nürnberg)

Bundesliga-Schiedsrichter, die aufgrund ihrer Leidenschaft für Schlepper- und Treckerfahren anlässlich ihres Abschieds von diversen Vereinen zu einer Traktorfahrt eingeladen wurden

Dieter Pauly (100 Bundesligapartien zwischen 1980–1990)

Die Verteilung der Fernsehgelder

Die Fernsehverträge sind die größte einzelne Einnahmequelle in der Bundesliga. In der Saison 2012/13 etwa standen insgesamt 438.700.000 Euro für die 36 Profiklubs zur Verfügung. Die 18 Klubs der Bundesliga bekamen 79,5 Prozent davon, also 348.766.500 Euro, der Rest ging an die zweite Liga.

Die Verteilung der Fernsehgelder ist von der Platzierung in den letzten vier Spielzeiten abhängig. Der Erste in der Bundesligatabelle erhält 36 Punkte, der Tabellenletzte der zweiten Liga nur einen Punkt. Die in den Spielzeiten erzielten Punkte werden mit dem unten aufgeführten Faktor multipliziert.

Saison	Kriterium	Faktor
2009/10	Endplatzierung	1
2010/11	Endplatzierung	2
2011/12	Endplatzierung	3
2012/13	Durchschnittl. Platzierung	4

Ist die Fernsehtabelle ermittelt, zeigt sich, dass dort jede bessere Platzierung ungefähr 760.000 Euro wert ist.

Rang	Faktor	Betrag
1	2,0	25.834.556 Euro
2	1,94118	25.074.716 Euro
⋮		
17	1,05882	13.677.118 Euro
18	1,0	12.917.278 Euro

Hier nicht erfasst sind Einnahmen aus der Auslandsvermarktung, die Fernsehgelder aus dem DFB-Pokal und aus den Spielen im Europapokal.

1963 Der Meidericher SV stürmt die Bundesliga

Unter den 16 Mannschaften, die 1963 in die erste Bundesligasaison starten, ist der Duisburger Vorortklub eigentlich nur Außenseiter. »Wo liegt eigentlich dieses Meiderich?«, fragt Hamburgs Uwe Seeler vor dem Auswärtsspiel im Ruhrpott. Nach dem 0:4 des HSV hat er eine ungefähre Ahnung. Dabei haben die Duisburger selbst keine allzu großen Erwartungen an die Premierensaison. Weil das Geld fehlt, setzt man auf die Jugend und einen unbekannten Trainer. Auf der Geschäftsstelle des MSV stapeln sich die Bewerbungen, der Wunschkandidat jedoch heißt Rudi Gutendorf. Er hat zuvor den Oberligisten TSV Marl-Hüls mit mäßigem Erfolg trainiert und freut sich auf die unverhoffte Gelegenheit, einen Bundesligisten zu betreuen. Die Verhandlungen sind schnell abgeschlossen, 2000 Mark Gehalt und eine ordentliche Nichtabstiegsprämie werden in einem Kölner Lokal fixiert. Als der Vertragsabschluss anschließend begossen wird, lässt sich Gutendorf noch schnell eine Prämie für Meisterschaft und zweiten Platz in den Vertrag schreiben. Die Vorständler, schon alkoholisiert, unterschreiben den Zusatz lachend, der Kassierer des Klubs ist derart amüsiert, dass er aus Versehen die weiße Tischdecke signiert. Doch das Lachen vergeht ihnen schnell, denn Gutendorf bringt eine heikle Personalie zur Sprache. Er will den in die Jahre gekommenen Helmut Rahn (Foto links) aus Enschede verpflichten. Ausgerechnet Rahn, der sein Auto betrunken in eine Baugrube gefahren hat und dafür kurzzeitig ins Gefängnis musste. Einen Straftäter aber wollen sie beim MSV nicht, Gutendorf bekommt ihn erst, als er für Rahn persönlich bürgt. Um den ausgehfreudigen Boss Rahn zu bändigen, geht der Coach ins finanzielle Risiko. Gemeinsam mit dem erwirbt er einen Traber für 2000 Mark. »Der Gaul zwang Rahn, jeden Morgen um sechs Uhr auf der Trabrennbahn zum Training zu sein. So konnte er die Nacht nicht zum Tage machen«, wird sich Gutendorf später erinnern. Die Zähmung des Widerspenstigen gelingt, der Boss bestreitet immerhin 18 Spiele und schießt sieben Tore. Eine erfolgreiche Rückrunde legt den Grundstein zu einer herausragenden Saison, der Meidericher SV wird Vizemeister hinter dem 1. FC Köln. Und Gutendorf erinnert den Vorstand an seine Prämien: 7000 Mark für den Klassenerhalt und 50.000 für die Vizemeisterschaft.

Das falsche Brasilien

Viele Brasilianer wurden zu unvergessenen Stars und Lieblingen des Publikums in der Bundesliga. Aber mancherorts fragten sich die Fans, ob ihre Brasilianer aus einem »anderen Brasilien« kamen als die Ballzauberer der Konkurrenz. Denn die Magie des brasilianischen Fußballs verleitete die Vereinsmanager zu so mancher bizarren Fehlentscheidung bei Transfers.

10 José Gilson Rodriquez kam im August 1964 für 60.000 Mark Ablösesumme als erster Bundesliga-Brasilianer zum 1. FC Köln. Doch »Zeze« verschwand im Winter nach nur sechs Spielen wieder Richtung Heimat. Ein spanischer Arzt hatte ihm tatsächlich eine »Schnee-Allergie« attestiert.

9 Caio war bei Eintracht Frankfurt immer ein Liebling der Kurve. Aber von 95 Pflichtspielen schaffte er es nur in 17 über die volle Zeit. Das Dickerchen hatte für mehr nie die Luft, und das war angesichts der Frankfurter Rekordablöse von 3,8 Millionen Euro dann doch zu wenig.

8 Drei Millionen Euro überwies Schalke 04 an Botafogo in Rio für einen Spieler, dessen Name schon verdächtig war. **Zé Roberto II** klang wie eine billige Fälschung, und als solche erwies sich der Mittelfeldspieler auch. Er kam auf genau 35 Bundesligaminuten, in denen er sogar ein Tor schoss. Ansonsten blieb er vor allem unverstanden: »Ich hatte keine Lust mehr, um sieben Uhr aufzustehen und bei minus zehn Grad zu trainieren.«

7 1999 verpflichte der VfB Stuttgart für damals üppige 3,5 Millionen Mark den 23-jährigen Angreifer **Didi** vom FC Sao Paulo. Der hatte aber leider eine Meniskusverletzung und ein kaputtes Kreuzband im linken Knie. Seine Karriere bei den Schwaben dauerte so nur 38 Spielminuten.

6 In Hoffenheim dürften sie im Dezember 2008 gestaunt haben, als sie ihrem neuen Kollegen, dem 20-jährigen **Wellington** zur Geburt seines bereits vierten Kindes gratulieren durften. Auf dem Platz war der 4,8 Millionen Euro teure Stürmer aber weniger produktiv. Nach vier Jahren, 19 Spielen für Hoffenheim und diversen erfolglosen Ausleihen wurde sein Vertrag aufgelöst.

5 In der Saison 1995/96 investierte der 1. FC Kaiserslautern mitten im Abstiegskampf zur Winterpause sechs Millionen Mark in den Brasilianer **Arilson** von Gremio Porto Alegre. Der viertteuerste Transfer der Vereinsgeschichte machte zehn Spiele, Lautern stieg ab und Arilson war wieder weg.

4 Für den Verteidiger **Rever** überwies der VfL Wolfsburg im Winter 2010 stolze fünf Millionen Euro Ablöse an Gremio Porto Alegre. Trotz eines Vertrags bis 2014 kehrte er schon ein halbes Jahr später heim, ohne auch nur ein Spiel gemacht zu haben. »Ich vertrage die Kälte nicht und komme mit der Sprache nicht zurecht«, teilte er zum Abschied mit.

3 Jorginho, Zé Roberto, Emerson, Paulo Sergio, Lucio oder Juan – kein anderer Bundesligist hat so erfolgreich brasilianische Spieler verpflichtet wie Bayer Leverkusen. Doch mit **Marquinhos** lagen sie einmal richtig daneben. Der 20-Jährige kam 2000 für üppige neun Millionen D-Mark. Nach zwei Jahren ohne eine einzige Bundesligaminute kehrte er nach Brasilien zurück, wo er es in zehn Spielzeiten auf elf Vereine brachte.

2 Für Werder Bremen war **Carlos Alberto Gomes** nicht nur der teuerste, sondern auch der desaströseste Einkauf der Vereinsgeschichte. 7,8 Millionen Euro kostete er, machte nur fünf Spiele, aber viele Scherereien. So prügelte er sich im Training mit Boubacar Sanogo, der daraufhin feststellte: »Dieser Mann ist verrückt.«

1 Mit Giovane Elber, Lucio oder Zé Roberto spielten zwar etliche großartige Brasilianer beim FC Bayern, doch die kamen von europäischen Klubs. Beim Direktimport indes hakte es. Gleich zwölf Millionen Euro teuer war 2008 der Verteidiger **Breno**, dessen Verpflichtung zur Tragödie wurde. Sportlich konnte er sich auch wegen vieler Verletzungen nicht durchsetzen und wurde nach einem Feuer in seiner Villa wegen schwerer Brandstiftung zu einer Gefängnisstrafe verurteilt.

Kuriose Sponsoren

Zamek	Suppen	▸ Fortuna Düsseldorf
London	Kondome	▸ FC Homburg
Mampe	Likör	▸ Hertha BSC
Mr. Softy	Milch	▸ MSV Duisburg
Norda	Fischkonserven	▸ Werder Bremen
Hettel	Autovermietung	▸ Karlsruher SC

Ein Spieler mit zwei Namen

Dieter Müller ist der einzige Spieler, der unter zwei unterschiedlichen Namen in der Bundesliga auflief. In der Saison 1972/73 spielte er bei Kickers Offenbach noch unter seinem Geburtsnamen Dieter Kaster. Sein Vater Heinz hatte zu Oberligazeiten u. a. beim FC St. Pauli und Eintracht Frankfurt gespielt. Als er 1973 zum 1. FC Köln wechselte, hatte er den Nachnamen seines Adoptivvaters angenommen, wurde als Dieter Müller einer der erfolgreichsten Stürmer der Bundesligageschichte und ist bis heute der einzige Spieler, der sechs Treffer in einer Partie erzielte.

Die Rekordtransfers der Bundesliga

Der Belgier Roger van Gool war der erste Spieler, für den in der Bundesliga eine Million D-Mark Ablöse gezahlt wurde. Aus heutiger Sicht ist das ein Schnäppchen gewesen.

1.	0,5 Mio.	**Roger van Gool**	FC Brügge ▸ 1. FC Köln, 1976/77
2.	0,8 Mio.	**Paul Breitner**	Real Madrid ▸ Eintr. Braunschweig, 1977/78
3.	1,0 Mio.	**Paul Breitner**	Eintr. Braunschweig ▸ B. München, 1978/79
4.	1,25 Mio.	**Tony Woodcock**	Nottingham Forest ▸ 1. FC Köln, 1979/80
5.	1,8 Mio.	**Lajos Detari**	Honved Budapest ▸ Eintr. Frankfurt, 1987/88
6.	3,0 Mio.	**Brian Laudrup**	Bayer Uerdingen ▸ B. München, 1990/91
7.	4,25 Mio.	**M. Sammer**	Inter Mailand ▸ Borussia Dortmund, 1992/93
8.	4,5 Mio.	**K.-H. Riedle**	Lazio Rom ▸ Borussia Dortmund, 1993/94
9.	4,6 Mio..	**Andreas Möller**	Juventus Turin ▸ Borussia Dortmund, 1994/95
10.	5,5 Mio.	**Heiko Herrlich**	Bor. M'gladbach ▸ Bor. Dortmund, 1995/96
11.	6,5 Mio.	**Giovane Elber**	VfB Stuttgart ▸ Bayern München, 1997/98
12.	8,5 Mio.	**Emile Mpenza**	Standard Lüttich ▸ Schalke 04, 1999/00
13.	14,5 Mio.	**Tomas Rosicky**	Sparta Prag ▸ Borussia Dortmund, 2000/01
14.	25,0 Mio.	**Marcio Amoroso**	AC Parma ▸ Borussia Dortmund, 2001/02
15.	30,0 Mio.	**Mario Gomez**	VfB Stuttgart ▸ FC Bayern, 2009/10
16.	40,0 Mio.	**Javi Martinez**	Athletic Bilbao ▸ FC Bayern, 2012/13

Alle Beträge in Euro; 1.000.000 DM ≈ 500.000 Euro

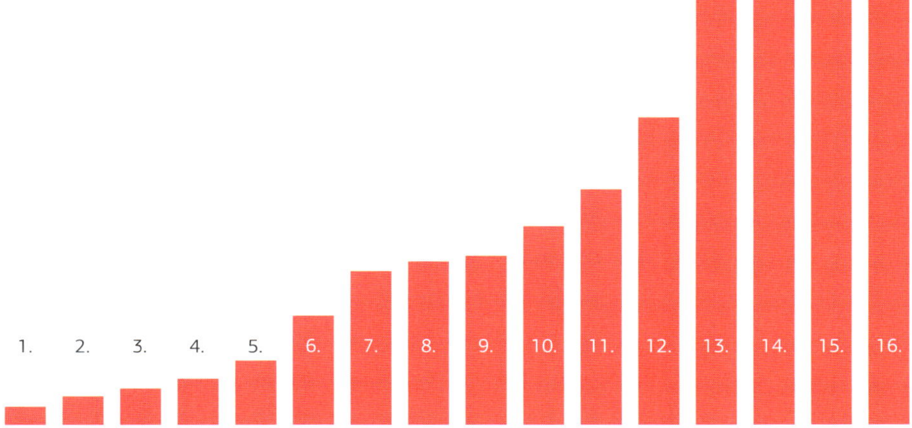

Legendäre Spielerfrauen

Blonde Haare und Jahreskarte für Solarium – das Klischee der ewigen Spielerfrau. Dabei prägten ganz unterschiedliche Frauentypen die Liga.

Gaby Schuster

Ehefrau von Bernd

Für Bernd Schuster war die Ehe mit der sieben Jahre älteren Gaby das Beste, was dem notorisch phlegmatischen Augsburger passieren konnte. Das gelernte Fotomodell erwies sich als überaus geschäftstüchtig und wurde im Sommer 1980 bei den Verantwortlichen des FC Barcelona vorstellig, um den Ruhm der Europameisterschaft in Mehrfamilienhäuser und zinsträchtige Festgeldkonten umzuwandeln. In den folgenden Wochen machten die Katalanen lehrreiche Erfahrungen, die einige Jahre später auch Leverkusens Manager Reiner Calmund nicht erspart bleiben sollten. Nach Zusammenkünften mit Gaby schnaufte der erfahrende Zocker empört: »Ich hatte noch nie einen so harten Verhandlungspartner wie Frau Schuster.«

Angela Häßler

Ehefrau von Thomas

Das Binnenverhältnis im Hause Häßler schien zumindest nach außen klar. Er spielte Fußball, sie regelte den Rest. Als 1997 beim Karlsruher SC nach zähem Ringen endlich ein Kontrakt unterzeichnet wurde, überreichte Präsident Schmider der gelernten Kosmetikerin Angela Häßler einen Blumenstrauß in den Klubfarben für die mit rund zehn Millionen Mark dotierte Vereinstreue. Später gab's dann für manchen Arbeitskollegen ihres Mannes auf die Zwölf von der adretten Angela. Lothar Matthäus nannte sie »eine Pflaume«, und als Dortmunds Trainer Skibbe ihren Mann nicht ablösefrei wechseln lassen wollte, keilte sie damenhaft los: »Was der liebe Herr Skibbe in Zukunft plant, interessiert uns einen Scheißdreck, um das mal deutlich zu sagen!« Absolutes Highlight: Wie Frau Häßler im Kölner Geißbockheim nach dem Gatten rief: »Wo ist denn mein Zwerg schon wieder?«

Bianca Illgner

Ehefrau von Bodo

Bianca war stets gewagt frisiert und geschminkt. Hinter der aufwendig hergerichteten Fassade verbarg sich jedoch, ganz dem Vorbild Gaby folgend, eine knallharte Geschäftsfrau. Reals Vizepräsident Juan Onieva kommentierte den Vertragsabschluss zum Wechsel nach Madrid mit den Worten: »Sie war die härteste Gegnerin, die ich je hatte.« Man tut ihr allerdings sicher nicht Unrecht, wenn man ihr einen leichten Zug ins Hochmütige unterstellt. Als in Köln ein paar vorwitzige Knirpse ihren Gatten als »Bodo« duzten, wies sie diese zurecht: »Für euch immer noch der Herr Illgner.«

Beatrix Ivanauskas

Ehefrau von Ivan

1997 sollte Valdas Ivanauskas zum VfL Wolfsburg wechseln. Daraus wurde aber nichts, nachdem Gattin Beatrix die malerische Autometropole besichtigt hatte. »Sie hat gesagt, Valdas, ich liebe dich, aber ich kann nicht in Wolfsburg leben«, wurde von Zeitzeugen erzählt. Der Gatte knickte ein (»Unser Fehler war, dass wir die Umgebung nicht so genau angeguckt haben«) und versprach seiner Beatrix hoch und heilig: »Ich fahre nie, nie mehr nach Wolfsburg.«

Claudia Effenberg

Ehefrau von Stefan

Sie löste Martina Effenberg als Lebensabschnittsgefährtin ab. Hatte bereits eine Fußballervergangenheit als Gattin von Thomas Strunz, blühte allerdings erst an der Seite von Stefan richtig auf. Sorgte für Amüsement durch hausfrauenerotische Fotos in Effes Biografie, durch eine im Boulevard ausgetragene Fehde mit einer Geliebten des Ehemannes, aber vor allem durch ein Tattoo, das die englische Personalform nicht ordentlich durchkonjugiert hatte: »Real love never die.«

Klingelingeling!

 Seit die Bundesligaprofis neben dem Dienstwagen auch ein Handy gestellt bekommen, wird rund um die Uhr telefoniert. Mitunter mit fatalen Folgen.

Einer pfälzischen Krankenschwester widerfuhr das zweifelhafte Vergnügen eine Kurznachricht zugeschickt zu bekommen, auf der Bundesligaprofi **Marco Engelhardt** im Adamskostüm mit gut einsehbarem Gemächt zu sehen war. Angefügt war der freundliche Hinweis: »Denk mal wieder an mich.« Engelhard erklärte hinterher trotzig, ihm sei »rätselhaft, wie das Foto zu ihr kam.«

Der frühere Bayern-Präsident **Franz Beckenbauer** hatte sich bei einem Sponsor als Wunschnummer die 0176/666666 ausgesucht – und bekam zahllose Anrufe liebestoller Herren, denn seine Nummer ähnelte einer gängigen Sex-Hotline.

Moderne Funktechnik hat aber auch ihr Gutes. Fünf Spiele wurde Frankfurts Coach **Willi Reimann** 2003/04 gesperrt, nachdem er den Schiedsrichterassistenten angerempelt hatte. Reimann positionierte sich mit Mobiltelefon in einer Bretterbude auf der Baustelle Waldstadion und gab seinem Assistenten unten auf der Trainerbank taktische Hinweise. Die horrende Handyrechnung übernahm der Klub.

Es geht aber noch teurer. Als ein Gericht das finanzielle Gebaren des 1.FC Kaiserslautern unter der Ägide des Klubpräsidenten **Jürgen »Atze« Friedrich** untersuchte, fanden sie die Rechnung eines Spielerberaters. Der kassierte gleich zweimal 75.000 Euro für das bloße Eruieren einer Telefonnummer.

Wer im Besitz der Handynummer von Bayern-Präsident **Uli Hoeneß** ist, muss ihn noch lange nicht erreichen. »Ich hab ein Handy«, gestand Hoeneß beinahe unwillig, »und ständig schicken die Leute mir Nachrichten. Aber immer, wenn der Speicher voll ist, lösche ich die hundert SMS einfach weg. Ich finde es aber gut, dass zumindest die theoretische Chance besteht, sie zu lesen.«

Den leicht reizbaren Coach **Werner Lorant** brachte es bei 1860 München besonders auf die Palme, wenn Spieler im Mannschaftsbus telefonierten. Bei Missachtung des Handyverbots drohte er mit dem Rauswurf. Sorgen müsse man sich um den Ausgesetzten jedoch nicht machen: »Der hat ja ein Handy und kann sich ein Taxi rufen.«

Tor des Monats

Seit 1971 wählen die Zuschauer der ARD-Sportschau das »Tor des Monats«, doch nur etwas weniger als die Hälfte aller gewählten Treffer wurde bei Bundesligaspielen erzielt. Nimmt man nur diese, ergibt sich folgende Tabelle.

34	FC Bayern München
19	FC Schalke 04
18	1. FC Köln
17	Borussia Mönchengladbach
13	Werder Bremen
10	1. FC Kaiserslautern, Bayer Leverkusen, VfB Stuttgart
9	Borussia Dortmund
8	Eintracht Frankfurt, Hamburger SV
5	Hertha BSC, Arminia Bielefeld
4	Hannover 96
3	Kickers Offenbach, Bayer Uerdingen
2	Dynamo Dresden, Fortuna Düsseldorf, SC Freiburg, Karlsruher SC, Mainz 05, 1. FC Nürnberg, Wattenscheid 09, VfL Wolfsburg
1	Alemannia Aachen, BW 90 Berlin, VfL Bochum, Fortuna Köln, 1860 München, 1. FC Saarbrücken, FC St. Pauli

Ganz verschiedene Saisonstarts

Frühester Start (in der Spielzeit 1988/89): 22. Juli
Spätester Start (in der Spielzeit 1972/73): 16. September

Echte Joker

Sie kamen von der Bank und trafen häufiger als alle anderen

Alexander Zickler	18 Jokertore
Hans-Jörg Criens	14 Jokertore
Mehmet Scholl	14 Jokertore
Frank Ordenewitz	13 Jokertore
Günter Thiele	13 Jokertore
Sefan Kohn	13 Jokertore

Tauschbörse

Seit 1963 werden die Spieler der Bundesliga als Aufkleber gesammelt. In Alben der Firmen Bergmann (1963–85), Sicker (1963–68), Panini (1965–2009) und Topps (2009 bis heute). Wenn im Herbst das neue Album erscheint, beginnen Kinder und Erwachsene mit der Jagd auf die Sticker und bemühen angesichts mancher vermeintlich allzu häufig in den Tütchen auftauchenden Kicker die Verschwörungstheorie, dass manche Porträts seltener als andere vorhanden seien. Zumindest die Fabrikanten von Panini im italienischen Modena konnten stets glaubhaft versichern: Alle Bilder sind in gleicher Stückzahl vorhanden.

1.FC Köln
Wolfgang Rolff

RAINER SCHOLZ
SV WALDHOF MANNHEIM

Erik Soler
HAMBURGER SV

ARMINIA BIELEFELD
GREGOR GRILLEMEIER

EINTRACHT FRANKFURT
RONALD BORCHERS

FORTUNA DÜSSELDORF
RÜDIGER WENZEL

FC HANSA ROSTOCK
GERNOT ALMS

BAYER 05 UERDINGEN
MANFRED KUBIK

KARLSRUHER SC
MICHAEL HARFORTH

Jürgen Mohr
1. FC SAARBRÜCKEN

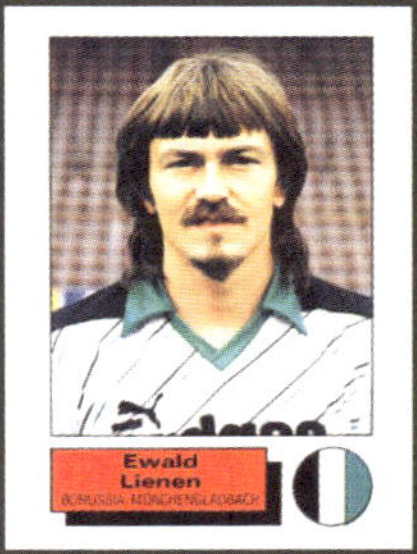
Ewald Lienen
BORUSSIA MÖNCHENGLADBACH

1. FC NÜRNBERG
MICHAEL EGGERT

BORUSSIA MÖNCHENGLADBACH
LOTHAR MATTHÄUS

VfL BOCHUM
LOTHAR WOELK

WOLF WERNER

SV WALDHOF MANNHEIM
FRANK LIPPMANN

KLAUS SCHLAPPNER

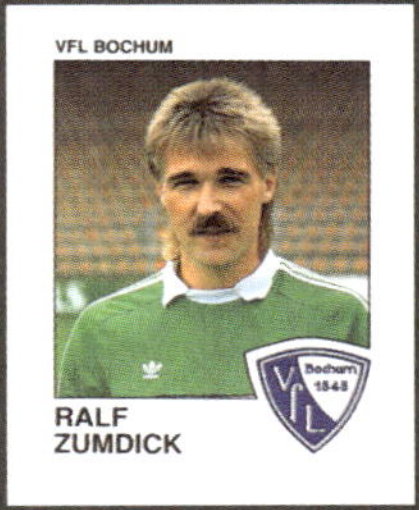
VFL BOCHUM
RALF ZUMDICK

1998 Aufsteiger Kaiserslautern wird Deutscher Meister

Andreas Brehme, weinend an der Schulter seines alten Kumpels Rudi Völler. Andreas Brehme, die Meisterschale in die Luft reckend. Kaum zu glauben, dass nur zwei Jahre zwischen diesen beiden Szenen liegen. Zwei Jahre, in denen der 1. FC Kaiserslautern zum ersten Mal in der Bundesligageschichte in die zweite Liga abstieg, mit nur vier Saisonniederlagen triumphal in die Bundesliga zurückkehrte und als Aufsteiger sensationell Meister wurde. Nie zuvor und nie danach gelang einem Klassenneuling dieses Kunststück.

Dass am letzten Spieltag der Saison das Hamburger Volksparkstadion zur Kulisse der pfälzischen Meisterfeier wird, ist vielen zu verdanken. Trainer Otto Rehhagel, der mit rustikalem Charme ein begeisterungsfähiges Team geformt hat. Stürmer Olaf Marschall, der fast nach Belieben trifft. Rustikalen Brechern wie Harry Koch und Dribblern wie Ratinho. Vor allem aber Andreas Brehme, der nach dem Wiederaufstieg mit 37 Jahren eigentlich seine Karriere beenden wollte, doch dann von Rehhagel so lange bearbeitet wird, bis er zumindest als Standby-Profi weitermacht. In der Meistersaison ist Brehme vieles: Routinier, Notnagel und heimlicher Co-Trainer, der Rehhagel von der Tribüne aus Tipps gibt.

Vom ersten Spieltag an trägt eine Welle der Euphorie die Mannschaft. Der 1:0-Sieg beim Topfavoriten FC Bayern München wird zunächst als Sensation gedeutet und entpuppt sich erst später als Fingerzeig für die ganze Spielzeit. In den folgenden Monaten warten alle darauf, dass die Lauterer einbrechen. Doch die bleiben vom vierten Spieltag an unangefochten vorne. Meister wird der FCK jedoch mit Verzögerung. Sie gewinnen zwar gegen den VfL Wolfsburg locker mit 4:0, weil aber das Spiel der Bayern gegen Duisburg verspätet angepfiffen worden ist, bangt ein ganzes Stadion minutenlang, ob der Sieg reicht. »Die Spannung war unerträglich«, erinnert sich Brehme. »Als das 0:0 in Duisburg bekanntgegeben wurde, brachen alle Dämme!« Der 1. FC Kaiserslautern ist zum vierten Mal Meister. Eine Woche später, im Hamburger Volksparkstadion, wird Brehme die Schale überreicht. Die Tränen von Leverkusen sind da schon lange getrocknet.

Das Rätsel der direkt verwandelten Ecken

Zu vielem gibt es in der Bundesliga komplette Statistiken, in dieser Kategorie jedoch ist sie nur bruchstückhaft. Vielleicht können die Datensammler das für die ersten Jahrzehnte der Liga einfach nicht mehr rekonstruieren, oder wir mögen direkt verwandelte Ecken einfach nicht so wie die Südamerikaner. Dort heißen sie »Gol Olimpico«, weil dem Argentinier Onzari ein solches erstmals 1924 gegen den damaligen Olympiasieger Uruguay gelungen ist. Hierzulande stehen bei direkt verwandelten Ecken eher Abwehr und Torwart unter Trottelverdacht.

Bernd Nickel von Eintracht Frankfurt soll angeblich vier Ecken direkt verwandelt haben. Eine von »Dr. Hammer« ist sicher überliefert und war ein für den Torwart besonders grausames Exemplar. Beim 9:2 gegen Bremen in der Saison 1981/82 versenkte Nickel den Ball von links mit dem linken Außenrist, weil dem entnervten Keeper Hermann Rülander die Finger zitterten. **Pierre Littbarski** traf für den 1.FC Köln 1983/84 in Gladbach von der Eckfahne und **Mario Basler** für Bremen in den frühen neunziger Jahren gegen den SC Freiburg und beim MSV Duisburg. **Thomas Zdebel** düpierte für Bochum in Bielefeld 2004/05 sowie **Arnold Bruggink** 2008/09 für Hannover 96 gegen Borussia Dortmund den gegnerischen Torhüter. Der 1.FC Köln schließlich kassierte gleich am ersten Spieltag 2011/12 eine direkt verwandelte Ecke von Wolfsburgs **Marcel Schäfer** und rächte sich durch **Christian Clemens** auf eben diese Weise am SC Freiburg. Aber kann das schon die ganze Ausbeute aus über 60.000 Bundesligatoren sein?

Ersatzwörter

Wie der Fußball den Ersatzspieler, kennt die Sportberichterstattung das Ersatzwort. Vor allem, wenn es um Vereine geht, von denen etliche aber auch ohne Ersatz auskommen.

Die Fohlen ▸ Borussia M'gladbach
Die Geißböcke ▸ 1.FC Köln
Die Kleeblätter ▸ SpVgg Greuther Fürth
Die Knappen ▸ Schalke 04
Die Königsblauen ▸ Schalke 04
Die Löwen ▸ 1860 München
Die Roten ▸ Hannover 96
Die Roten Teufel ▸ 1.FC K'lautern
Die Rothosen ▸ Hamburger SV
Die Spatzen ▸ SSV Ulm
Die Wölfe ▸ Wolfsburg
Die Zebras ▸ MSV Duisburg

GROSSE KLUBS

Borussia Mönchengladbach

Mitglieder:	Platzierung ewige Tabelle:	Bundesligameisterschaften:	Abstiege:	Internationale Titel:
56.000	**6**	**5**	**2**	**2**

- Rekordnationalspieler der Borussia sind Berti Vogts, der alle 96 Einsätze im Nationalteam als Borusse absolvierte und Rainer Bonhof, der 40 von 53 Länderspielen als Borusse machte.
- Die Gladbacher haben als einziger Bundesligist viermal zweistellig gewonnen: 12:0 am 29. April 1978 gegen Borussia Dortmund, 11:0 am 7. Januar 1967 gegen Schalke 04, 10:0 am 4. November 1967 gegen Borussia Neunkirchen und 10:0 am 11. Oktober 1984 gegen Eintracht Braunschweig.
- Nach Hennes Weisweiler und Jupp Heynckes ist Bernd Krauss mit 1499 Diensttagen der Trainer mit der drittlängsten Zeit auf der Gladbacher Bank.
- Als Helmut Grashoff 1966 vom Vizepräsidenten des Klubs zum hauptberuflichen Manager bestellt wurde, war er der erste in der Bundesliga überhaupt. Knapp 25 Jahre später, am 15. Januar 1991 trat er zurück. Heute ist ganz in der Nähe des Nordparks eine Straße nach ihm benannt.
- Zwei Spieler waren bei allen fünf Gladbacher Bundesligameisterschaften dabei: Berti Vogts und Herbert Wimmer.
- Eine schöne Pointe der erbitterten Rivalität zwischen der Borussia und dem 1. FC Köln ist, dass der größte Gladbacher Trainer, Hennes Weisweiler, ein Kölner durch und durch war, für den FC spielte und ihn mehrfach trainierte. Sogar das Geißbock-Maskottchen Hennes ist nach ihm benannt.
- Das letzte Tor in einem Bundesligaspiel im Bökelbergstadion erzielte Arie van Lent am 22. Mai 2004 bei der Partie gegen 1860 München. Borussia siegte mit 3:1. Das letzte Tor dort überhaupt fiel genau ein Jahr später: Am 22. Mai 2005 traf René Schnitzler beim 5:0-Sieg von Borussias U23-Mannschaft in der Oberliga Nordrhein gegen den Bonner SC.
- 2009 wurde Jünter, das Maskottchen von Borussia Mönchengladbach, bei einer Eheschließung vor dem historischen Rathaus von Köln festgenommen. Die Festnahme wegen unerlaubten Schwenkens einer Gladbach-Fahne war allerdings nur eine Einlage von Kollegen bei der Hochzeit eines Borussen-Fans, der bei der Kölner Polizei arbeitete.

Lustige Mannschaften: München 1969

Im Tierpark Hellabrunn war die Hölle los, als das Fehlen des Löwenbabys bemerkt wurde. Die Lizenzspieler des TSV 1860 beteuerten ihre Unschuld, bis Beweisfotos auftauchten.

Mehr Licht!

Für die Beleuchtung der Bundesligaspiele gelten strenge Regeln. Es wird eine Mindestbeleuchtungsstärke von 800 Lux vorausgesetzt, gemessen auf einer Höhe von 1,5 m über dem Spielfeld. Eine Eins mit Sternchen gibt es vom Ligaverband allerdings erst ab einer Mindestbeleuchtungsstärke von 1200 Lux. Sicherstellen muss jeder Klub, dass bei einem Stromausfall nicht vollständig die Lichter ausgehen. Spätestens eine halbe Stunde später muss die Partie bei mindestens 800 Lux fortgesetzt werden können. Die neuen Stadien mit ihrer Rundumbeleuchtung via Dachkonstruktion erfüllen die Voraussetzungen der DFL allesamt locker. Verschwunden sind im Zuge der Neubauten in den allermeisten Fällen die stählernen Flutlichtmasten, die den Zuschauern einst nicht nur bei Abendspielen verlässlich den Weg in Richtung Stadion zeigten, sondern auch für die charakteristischen Schattenkreuze rund um die Spieler sorgten.

Wunderwelt Elfmeter

Nicht verwandelte Elfer

Die meisten Elfmeter verschossen

Gerd Müller	12
Jürgen Grabowski	8
Michael Zorc	8
Horst-Dieter Höttges	8
Wilfried Hannes	7
Lothar Huber	7
Manfred Kaltz	7

Keine Elfer

Meiste Elfmeter ohne Tor

Tim Borowski	3
Dieter Krafczyk	3
Lars Hermel	2
Siegfried Held	2
Norbert Meier	2
Markus Elmer	2
Uwe Klimaschefski	2
Sven Demandt	2
Michael Tarnat	2
Johan Micoud	2
Kai Michalke	2
Frank Greiner	2

Nur Elfer

Meiste Elfmetertore ohne anderes Tor

Jörg Butt	26
Filip Daems	10
Hans-Josef Hellingrath	4
Michael Nushöhr	4
Erich Leist	3

100-Prozenter

Alle Elfer verwandelt

Jochen Abel	16
Ludwig Nolden	15
Otto Rehhagel	12
Mehmet Scholl	11
Filip Daems	10

Elferkiller

Meiste gehaltene Elfer in Folge

Jörg Butt	4
Frank Rost	4
Thomas Zander	4
Bernd Meier	3
Claus Reitmaier	3
Dietmar Linders	3
Dimo Wache	3
Gerhard Heinze	3
Hans-Jürgen Bradler	3
Hans-Jürgen Gundelach	3
Jörg Daniel	3
Manfred Paul	3
Markus Pröll	3
Petar Radenkovic	3
Robert Enke	3
Ronnie Hellström	3
Rudi Kargus	3
Simon Jentzsch	3
Stefan Klos	3
Tim Wiese	3
Ulrich Sude	3
Wilfried Woyke	3

Elferschreck – Meiste gegen ihn nicht verwandelte Elfer in Folge

Simon Jentzsch	7
Thomas Zander	7
Ulrich Sude	6
Rudi Kargus	5
Frank Rost	4
Günter Sawitzki	4
Jörg Butt	4
Manfred Manglitz	4
Manfred Paul	4
Norbert Nigbur	4
Ronnie Hellström	4
Tim Wiese	4
Ulrich Sude	4
Wolfgang Kneib	4

Torhüter mit bester Elferquote*

Spieler	Elfmeter	Gegentore	Quote
Jean-Marie Pfaff	15	5	67 %
Gerhard Prokop	8	3	63 %
Milutin Soskic	7	3	57 %
Daniel Hoffmann	9	4	56 %
Manfred Paul	11	5	55 %
Bernhard Wessel	14	7	50 %
Thomas Ernst	10	5	50 %
Stefan Wächter	8	4	50 %
Hans-J. Bradler	6	3	50 %
Thomas Kraft	6	3	50 %

*mind. 5 Elfmeter

Gute Nerven

Alle Bundesligaspieler, die nach einem vergebenen Elfer im gleichen Spiel erneut antraten, trafen auch

Datum	Spieler / Team / Gegner	Ergebnis	1. Elfer	2. Elfer	3. Elfer
26.03.1964	**Jürgen Moll** Eintr. Braunschweig gegen 1. FC Saarbrücken	3:1	verg.	Tor	
24.10.1964	**Stefan Reisch** 1. FC Nürnberg gegen Eintr. Braunschweig	3:2	verg.	Tor	
15.04.1987	**Fritz Walter** Waldhof Mannheim gegen 1. FC Kaiserslautern	4:3	Tor	verg.	Tor
21.08.2001	**Jörg Böhme** FC Schalke 04 gegen Hansa Rostock	3:1	verg.	Tor	
18.03.2006	**Francisco Copado** Eintracht Frankfurt gegen MSV Duisburg	5:2	verg.	Tor	
01.09.2012	**Aaron Hunt** Werder Bremen gegen Hamburger SV	2:0	verg.	Tor	

Die zweite Dekade: 1973/74 – 1982/83

Meiste Titel: FC Bayern, Bor. M'gladbach, Hamburger SV (je 3)

Zahl der unterschiedlichen Titelträger: 4

Mannschaft des Jahrzehnts:

Sepp Maier

Manfred Kaltz, Karlheinz Förster, Bernard Dietz, Hans-Peter Briegel

Paul Breitner

Hansi Müller, Felix Magath

Karl-Heinz Rummenigge, Gerd Müller, Klaus Allofs

Aufsteiger des Jahrzehnts: Bayer Uerdingen

Die ersten Aufstiege der Krefelder in die Bundesliga 1975 und 1979 wirkten noch etwas kurzatmig, als sie nur ein bzw. zwei Jahre oben blieben. Doch als erster Werksklub in der höchsten Spielklasse waren sie das Role Model für Leverkusen und Wolfsburg. Bis zum Ausstieg von Bayer im Jahr 1994.

Tragischer Fall: Rot-Weiss Essen

Eigentlich hatte der deutsche Meister von 1955 stets das Potential zu einem großen Klub: Tradition, Fans und eine große Stadt. Doch nach dem Bundesligaabstieg 1977 kehrte RWE nie mehr in die erste Liga zurück und stürzte zwischendurch sogar bis in die fünfte ab.

Aufreger: Werbung

Das Jahrzehnt begann mit Reklame auf den Trikots von sechs Klubs, an seinem Ende hatte die Werbewirtschaft die Bundesliga entdeckt. Nicht nur die Trikots, sondern auch die Banden ums Spielfeld. Man konnte inzwischen ahnen, dass Fußball vielleicht doch ein richtiges Geschäft sein könnte.

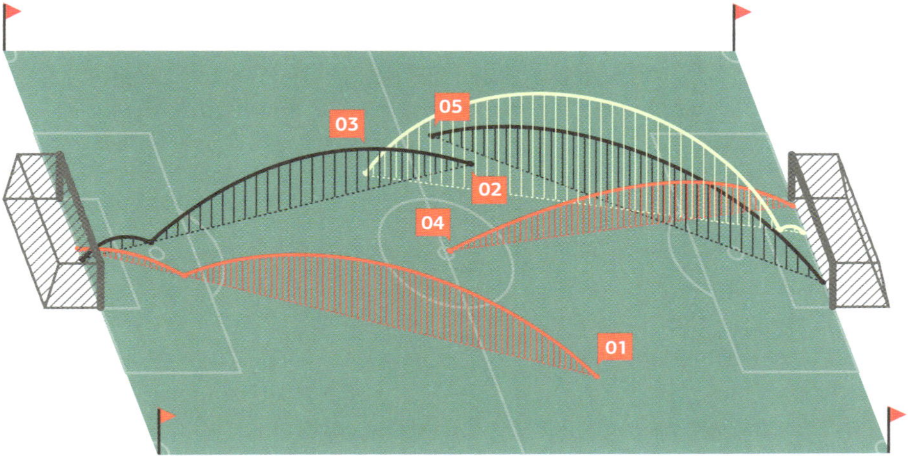

Verdammt weit

So flogen sie hoch, vor allem aber weit in Richtung des gegnerischen Tores. Die fünf weitesten aller Weitschusstore sind Meisterwerke aus Schusskunst, Energie und – auch daran besteht kein Zweifel – Unfall. Denn es muss schon sehr viel schief gelaufen sein, wenn man einen Treffer aus solchen Distanzen kassiert.

1. **Giorgios Tzavelas,** Eintracht Frankfurt, am 12. März 2011 bei Schalke 04
2. **Klaus Allofs,** 1. FC Köln, am 31. Januar 1986 gegen Bayer Leverkusen
3. **Diego,** Werder Bremen, am 20. April 2007 gegen Alemannia Aachen
4. **Alex Alves,** Hertha BSC, am 30. September 2000 gegen den 1. FC Köln
5. **Fabian Ernst,** Werder Bremen, am 5. April 2003 in Dortmund

Winterpausenzauber

1986/87 wurde die Winterpause der Bundesliga von vier auf acht Wochen verlängert. Das unattraktive Gerutsche auf gefrorenem Boden wollte man den Zuschauern nicht zumuten. Aber auch ohne Punktspiele war in der Liga eine Menge los.

1 Wer als Herbstmeister in die Winterpause geht, kann zu 63,27 Prozent Platz im Trophäenschrank machen. 31 von 49 Halbjahresgewinnern reckten im Mai die Schale in die Höhe.

2 Gar nicht gerne wird von Vereinsseite gesehen, wenn Spieler auf Skiern die Abhänge herunterrasen. Dabei sind andere Wintersportarten nicht minder gefährlich. Benno Möhlmann fuhr einmal mit einem halben Dutzend Bremer Lizenzspielern in die Alpen. Sie kamen ohne Stürze davon, nur einer klagte über Blessuren. »Rudi Völler. Er hat sich beim Rodeln verletzt«, erzählte Möhlmann hinterher.

3 Um den hiesigen Minusgraden zu entfliehen, fahren die Bundesligaklubs reihenweise in den Süden. Bisweilen vertreiben sich die Profis die abendliche Tristesse der Sporthotels mit geselligen Umtrünken auf den Zimmern. Was 2008 zu einem tragikomischen Auftritt des Gladbacher Keepers Dariusz Kampa führte. Der erbrach sich, vom Restalkohol des Vorabends gepeinigt, ins Hotelfoyer. »Bild« notierte die unappetitlichen Details: »Der Nachtportier und ein Sicherheitsmann beseitigen mit Wischmopps notdürftig das Malheur, versprühen Lavendelduft.«

4 In der Heimat brasilianischer Profis ist es um Weihnachten herum mollig warm. Da nimmt es nicht wunder, dass sie ihre Rückkehr ins schnatterkalte Deutschland gerne ein wenig hinauszögern. In sechs Jahren bei Werder Bremen schaffte es Ailton nur ein einziges Mal, pünktlich zum Trainingsbeginn wieder da zu sein. Nach dem Wechsel zu Schalke 04 kam Ailton zwar pünktlich, aber nur bedingt einsatzbereit: Er hatte sich beim Weihnachtsrodeo zwei Finger gebrochen.

5 Um die Winterpause nicht zu lange werden zu lassen, ersann der DFB zur Überbrückung das sogenannte Hallen-Masters. Es war in seiner Gesamtheit ein Fall für »Pleiten, Pech und Pannen«. Die Klubs ließen ihre B-Mannschaften auflaufen, die Zuschauer interessierte das stupide Gekicke ebenfalls nicht besonders. 1988 erstmals ausgetragen, war 2001 endgültig Schluss. Schöne Begründung für die Einstellung: »Terminschwierigkeiten«.

Die Welt, gesehen von Andi Brehme

Spieler, Trainer, Deutscher Meister, Weltmeister – und Produzent unzähliger Aphorismen, Stilblüten und gewagter Wortspiele.

- **»Bedanken möchten wir uns auch bei den Fans, auf denen wir uns immer verlassen konnten.«**
- **»Das Unmögliche möglich zu machen, wird ein Ding der Unmöglichkeit.«**
- **»Da ist schon lange Schnee drüber gewachsen.«**
- **»Wir haben die Chancenverwertung nicht verwertet.«**
- **»So wie wir in der ersten Halbzeit gespielt haben, haben wir in der zweiten Halbzeit nichts verloren.«**
- **»Uns steht ein hartes Programm ins Gesicht.«**
- **»Von der Einstellung her stimmt die Einstellung.«**
- **»Wenn der Mann in Schwarz pfeift, kann der Schiedsrichter auch nichts mehr machen.«**
- **»Zum Glück ist die Mannschaft nach dem Spiel besser ins Spiel gekommen.«**
- **»Haste Scheiße am Fuß, haste Scheiße am Fuß.«**
- **»Elfmeter kann man nicht üben.«**
- **»Bei mir geht das mit dem linken Fuß genauer und mit dem rechten fester! Deshalb schieß' ich mit dem rechten!« (An der Torwand des ZDF-Sportstudios.)**

Braun-weiße Lesemeister

Bei keinem anderen Klub stehen die sportliche Bedeutung und der schreiberische Output in einem so interessanten Verhältnis wie beim FC St. Pauli. Oder anders gesagt: Die anderen mögen den Trophäenschrank voll haben, bei St. Pauli ist es das Bücherregal.

Millerntor: Eine Liebeserklärung an das alte Stadion des FC St. Pauli
Susanne Katzenberg, Olaf Tamm und Ronny Galczynski, 2012

Das Herz von St. Pauli
Fabian Boll, 2012

Wir kommen wieder! Mit dem FC St. Pauli durch die Bundesliga
Hermann Schmidt, 2011

Die Marke FC St. Pauli. Eine Markenanalyse des Hamburger Fußballclubs
Ulrich Niegel, 2010

»Mit Deutschem Sportgruß, Heil Hitler«. Der FC St. Pauli im Nationalsozialismus
Gregor Backes, 2010

Forza St. Pauli: 100 Jahre Klub, Kultur und liebenswertes Chaos
Hamburger Abendblatt, 2010

St. Pauli unser
Julia Suchorski, 2010

FC St. Pauli – Alles drin
Michael Pahl, 2010

FC St. Pauli – Der Kampf geht weiter: Neues aus dem Leben eines Fans
Hermann Schmidt, 2009

FC St. Pauli zur Zeit der NS-Diktatur
Daniel Bohé, 2009

FC St. Pauli
Hermann Schmidt, 2009

Kiez-Klub FC St. Pauli: Ein Kultverein und sein
Thomas Metelmann und Hans Vinke, 2009

Wunder gibt es immer wieder, Jubiläums-Sonderausgabe
René Martens, 2009

St. Pauli ist die einzige Möglichkeit
Mike Glindmeier, Folke Havekost, Sven Klein, 2009

St. Pauli: das Buch. Der Verein und sein Viertel
Christoph Nagel und Michael Pah, 2009

FC St. Pauli Vereinsenzyklopädie
Ronny Galczynski, 2009

Niemand siegt am Millerntor
René Martens, 2008

Nicht von dieser Welt: Erzählung zum FC St. Pauli
Werner Langmaack, 2008

Sportmarketing und der FC St. Pauli
Thomas Mannke und Holger Schlegel, 2007

Zauber am Millerntor
Hermann Schmidt, 2007

Hundert Jahre Fahrstuhlfahrt: die Chronik des FC St. Pauli
Bernd Carstensen, 2006

15 Jahre Fanladen St. Pauli: 20 Jahre Politik im Stadion
Fanladen St. Pauli, 2005

Die Untoten vom Millerntor. Der Selbstmord des FC St. Pauli und dessen lebendige Fans
Christoph Ruf (Hg.), 2004

FC St. Pauli: Zur Ethnographie eines Vereins
Brigitta Schmidt-Lauber (Hg.), 2003

Wunder gibt es immer wieder
René Martens, 2002

Pauli-Comix. Teil 4. We love St. Pauli!
Guido Schröter, 2001

FC St. Pauli: You'll never walk alone
René Martens, 1997

Pauli-Comix. Teil 3. Der Knipser von St. Pauli
Guido Schröter, 1996

Pauli-Comix. Teil 2. Blutgrätsche
Guido Schröter, 1995

Pauli-Comix. Teil 1. Voll drauf
Guido Schröter, 1994

FC St. Pauli: Glaube, Liebe, Hoffnung; Geschichten rund um den sympathischsten Verein der Welt
Werner Langmaack, 1992

1:0 am Millerntor: der FC St. Pauli: die Fans und ihre Mannschaft
Uwe Dulias und Michael Schickel, 1989

75 Jahre FC. St. Pauli
FC St. Pauli v. 1910 e.V. (Hrsg.), 1985

Rückennummern

Seit der Saison 1995/96 sind die Bundesligisten verpflichtet, ihre Spieler mit festen Rückennummern für die ganze Saison auszustatten. Ab der Saison 2011/12 verbot die Deutsche Fußball Liga allerdings Rückennummern über 40, um der grassierenden Zahleninflation Einhalt zu gebieten. So war etwa Andreas Görlitz vom Karlsruher SC einige Zeit zuvor mit der 77 aufgelaufen, der höchsten Rückennummer der Bundesligageschichte. Neun Spieler lagen vor der Regeländerung über der Grenze, ihre Nummer genoss Bestandsschutz, zwei haben sie auch heute noch.

Gojko Kacar, Hamburger SV	44
Anatolij Tymoschtschuk, FC Bayern	44

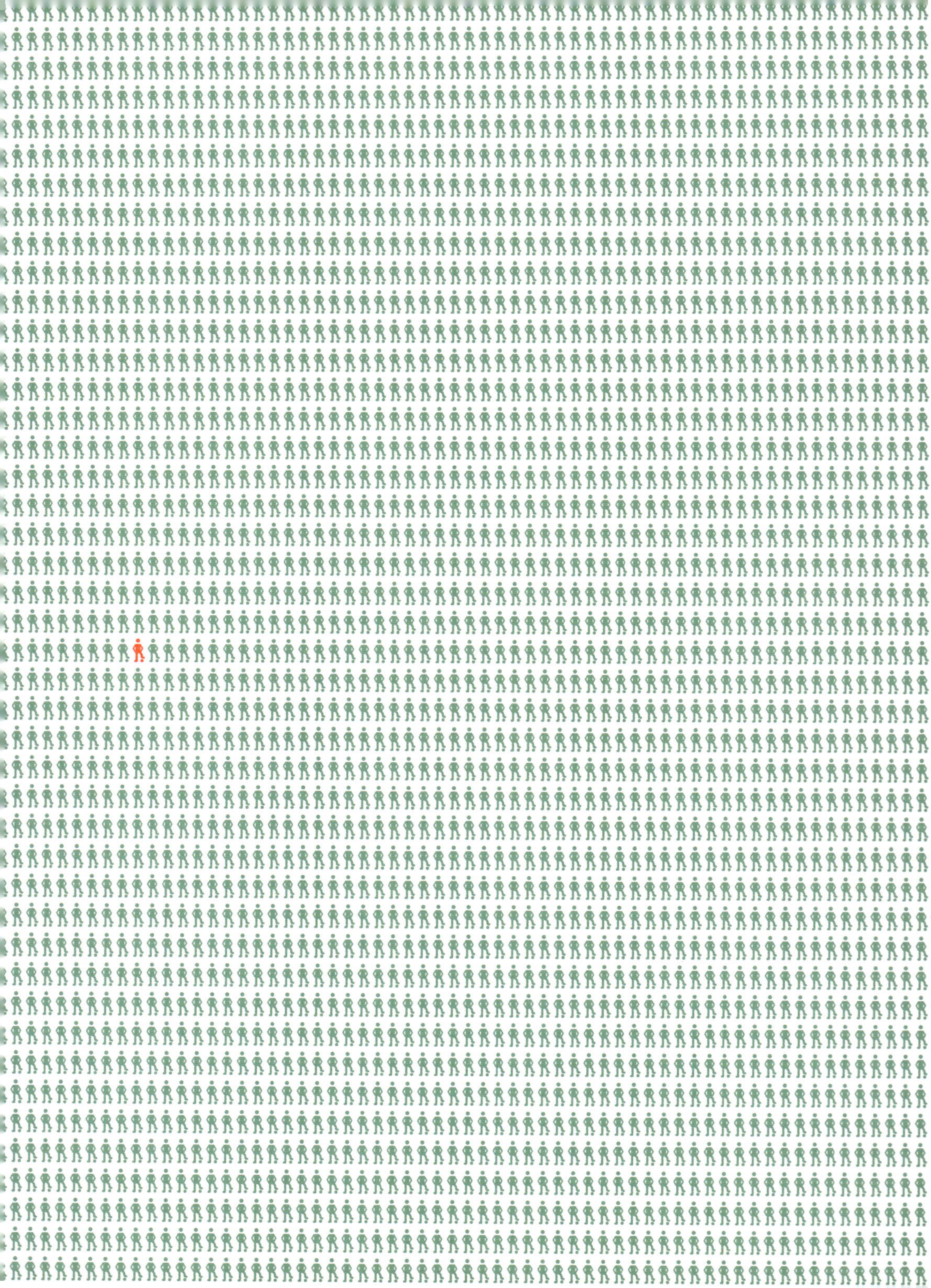

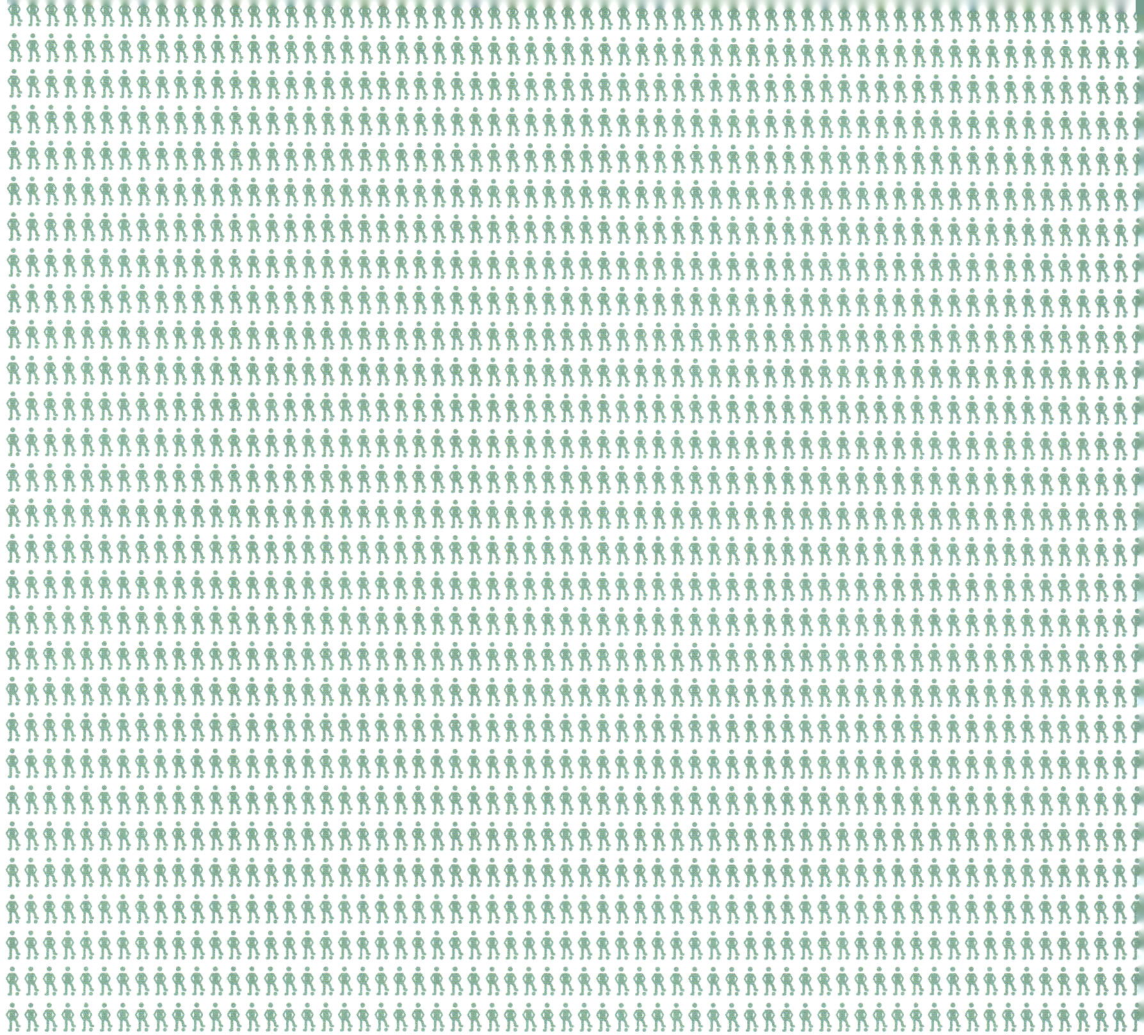

Schwule in der Bundesliga

5361 Fußballer haben bislang in der Bundesliga gespielt, von einem von ihnen wissen wir, dass er schwul war. Aber von Heinz Bonn, der in den siebziger Jahren für den Hamburger SV aktiv war, haben wir es nur auf tragische Weise erfahren, weil er 1991 von einem Strichjungen in seiner Wohnung ermordet wurde.

Mein Tier und ich: Hund

Dritter Platz im Frau-Hund-Ähnlichkeitswettbewerb
für die Gattin von Joachim Philipkowski.
Ein Achtungserfolg für die Familie des Nürnberger Profis.

Big in Japan

Als im Jahr 1993 mit der J.League erstmals eine richtige Profifußballliga in Japan gegründet wird, wechseln einige Spieler aus der Bundesliga nach Fernost. **Pierre Littbarski** geht zu JEF United Ichihara, spielt erst dort erfolgreich und dann noch für eine weitere Saison bei Brummell Sendai. Er heiratet die Japanerin Hitomi und beginnt auch seine Trainerkarriere in Japan. Auch für den bodenständigen Schwaben **Guido Buchwald** wird der Wechsel nach Japan ein großer Erfolg. Von 1994 an spielt er vier Jahre lang erfolgreich für Urawa Red Diamonds, wo er 2004 auch seine Trainerkarriere beginnt und 2006 das Double gewinnt. Eine Legende bei dem Klub aus Saitama ist auch **Tomislav Maric,** der zur Halbzeit der Saison 2005 kommt und in 18 Spielen 14 Tore schießt, dann aber seine Karriere beim damaligen Drittligisten Hoffenheim ausklingen lässt.

Die Bundesligabewerber

46 Klubs aus den fünf Oberligen bewarben sich 1963 um die 16 Plätze in der neuen Bundesliga. Die meisten waren ohne Chance.

Oberliga Nord*

Werder Bremen
Hamburger SV
Hannover 96
Eintr. Braunschweig
FC St. Pauli
Holstein Kiel
VfL Osnabrück
Arminia Hannover

Oberliga West**

Borussia Dortmund
Bayer Leverkusen
Borussia M'gladbach
Schalke 04
Alemannia Aachen
1. FC Köln
Meidericher SV
Rot-Weiß Oberhausen
Preußen Münster
Fortuna Düsseldorf
Schwarz-Weiß Essen
Westfalia Herne
Viktoria Köln
Wuppertaler SV
Hamborn 07

Oberliga Süd

FC Bayern München
TSV 1860 München
1. FC Nürnberg
VfB Stuttgart
Eintracht Frankfurt
SpVgg Fürth
Karlsruher SC
Offenbacher Kickers
Schweinfurt 05
Schwaben Augsburg
Bayern Hof
Hessen Kassel
VfR Mannheim

Oberliga Südwest

1. FC K'lautern
Borussia Neunkirchen
1. FC Saarbrücken
FK Pirmasens
Wormatia Worms
Saar 05 Saarbrücken
Sportfr. Saarbrücken

Oberliga Berlin

Hertha BSC
Tasmania 1900
BFC Viktoria 89***

Bundesligisten fett

* Von den acht Bestplatzierten der letzten Oberligasaison bewarben sich der VfR Neumünster (4.) und der VfV Hildesheim (8.) nicht
** Von den 16 Klubs der Oberliga West bewarb sich nur der TSV Marl-Hüls nicht
***Viktoria war in der letzten Oberligasaison neunter von zehn Klubs geworden

Bindestrich-Bundesliga

Hubert Clute-Simon (Schalke 04)
Jan-Ingwer Callsen-Bracker (Bayer Leverkusen)
Stephan Schulze-Winge (Borussia Mönchengladbach)
Macchambes Younga-Mouhani (Fortuna Düsseldorf)

Bezahlfernsehen

Die Entwicklung der Fernsehgelder von 1965 bis heute

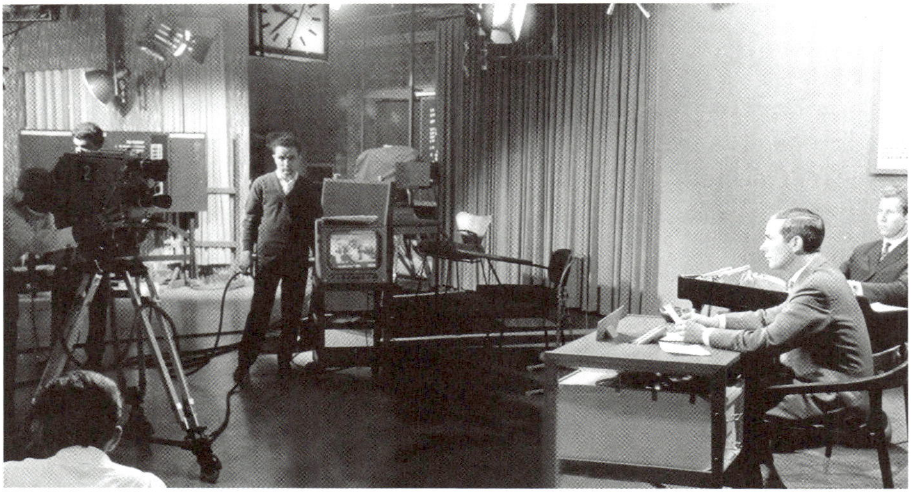

1965/66	ARD/ZDF	**330.000 Euro**
1968/69	ARD/ZDF	**860.000 Euro**
1976/77	ARD/ZDF	**2.450.000 Euro**
1979/80	ARD/ZDF	**3.510.000 Euro**
1984/85	ARD/ZDF	**4.090.000 Euro**
1987/88	ARD/ZDF	**9.200.000 Euro**
1988/89	UFA/RTL	**20.450.000 Euro**
1991/92	UFA/RTL/Premiere	**40.900.000 Euro**
1992/93	ISPR/SAT.1/Premiere	**74.140.000 Euro**
1998/99	ISPR/SAT.1/Premiere	**163.610.000 Euro**
99/2000	ISPR/SAT.1/Premiere	**168.730.000 Euro**
2000/01	ISPR/SAT.1/Premiere	**355.350.000 Euro**
2001/02	ISPR/SAT.1/Premiere	**328.000.000 Euro**
2002/03	Infront/SAT.1/Premiere	**290.000.000 Euro***
2010/11	Sky/ARD/ZDF	**412.000.000 Euro**
2013/14	Sky/ARD/ZDF	**628.000.000 Euro**

*Rückgang nach Insolvenz von Kirch

Ein schöner Tag

Am 32. Spieltag der Saison 1983/84 gab es kein Halten mehr. Zum Zehn-Tore-Auftakt am Freitagabend auf dem Bieberer Berg kamen samstags noch weitere 43 Tore hinzu. Nur der SV Waldhof Mannheim mochte zum Ende seiner ersten Bundesligasaison nicht so richtig mitspielen. Der Rekord von insgesamt 53 Toren an einem Spieltag wurde bislang dennoch nicht übertroffen, obwohl für keine Mannschaft der Sieg an diesem Spieltag ihr höchster in der Bundesliga war.

11.05.1984	20.00	Kickers Offenbach - Werder Bremen	3:7 (1:2)
12.05.1984	15.30	1. FC Nürnberg - Hamburger SV	1:6 (1:3)
12.05.1984	15.30	Bayern München - 1. FC Kaiserslautern	5:2 (2:2)
12.05.1984	15.30	1. FC Köln - Borussia Dortmund	5:2 (0:2)
12.05.1984	15.30	Borussia Mönchengladbach - Bayer Uerdingen	7:1 (2:0)
12.05.1984	15.30	VfL Bochum - Bayer Leverkusen	2:1 (1:0)
12.05.1984	15.30	Waldhof Mannheim - Arminia Bielefeld	0:2 (0:0)
12.05.1984	15.30	Eintracht Braunschweig - Fortuna Düsseldorf	4:1 (3:0)
12.05.1984	15.30	VfB Stuttgart - Eintracht Frankfurt	2:2 (2:0)

Torrahmen

Einen weitgeschwungenen Bogen bildet bei einigen Spielern der Zeitraum, der ihr erstes und letztes Tor in der Bundesliga einfasst. Lothar Matthäus hat die 20 Jahre nur um einige Tage verpasst.

	Tage	Erstes Tor am	Letztes Tor am
Lothar Matthäus	7287	8.12.1979	20.11.1999
Mirko Votava	7084	2.4.1977	24.8.1996
Frank Mill	6850	27.11.1976	30.8.1995
Klaus Fischer	6850	14.9.1968	17.6.1987
Manfred Kaltz	6433	2.10.1971	13.5.1989
Rudi Bommer	6293	14.8.1976	6.11.1993
Mehmet Scholl	6237	21.4.1990	19.5.2007
Michael Preetz	6059	2.9.1986	5.4.2003
Ditmar Jakobs	5992	7.10.1972	4.3.1989
Karl-Heinz Körbel	5949	31.8.1973	14.12.1989

Auswärts im Feierwagen: Hinfahrt

In den siebziger Jahren reisten Fußballfans, wie hier Stuttgarter Anhänger, in von der Bahn vorsichtshalber äußerst spartanisch möblierten Waggons. Dabei nippten die Fans in der Regel nur sehr zögerlich am Alkohol …

Auswärts im Feierwagen: Rückfahrt

...es sei denn, die Fahrt war relativ lang, das Spiel ging verloren und plötzlich waren da Hunderte von angenehm gekühlten Bierdosen, die ja von irgendwem geleert werden mussten. Anschließend dann ein Nickerchen.

1965 Zwangsabstieg für Hertha BSC

Dass in Berlin nichts so richtig klappt, ist beileibe keine neue Erkenntnis, dazu bedarf es nicht nur der Hinweise auf S-Bahn-Chaos oder Flughafen-Desaster. Viel hat die Misere der Hauptstadt auch mit der Geschichte West-Berlins als isolierter Insel des Kapitalismus in einem roten Meer des DDR-Sozialismus zu tun. Jedenfalls machte dies zwischen Mauerbau 1961 und Mauerfall 1989 das Leben sehr besonders – auch beim Fußball. So wollten viele Bundesligaspieler nicht ins entlegene Berlin, oder sich den Standortnachteil zumindest mit einem Aufschlag bezahlen lassen.

Ein solcher war damals aber im strengen Regelwerk des DFB nicht vorgesehen, das 1200 D-Mark Gehalt, 250 Mark Siegprämie und 10.000 Mark Handgeld für einen Vereinswechsel erlaubte. Mehr musste schwarz bezahlt werden, was natürlich alle Vereine machten. Doch nur Hertha ließ sich 1965 dabei erwischen. Eine »Tiefenprüfung« der Finanzen ergab 1965, dass der Klub zwei Jahre zuvor wegen seiner Verschuldung eigentlich gar nicht in die Bundesliga hätte aufgenommen werden dürfen. Dabei hatte Schatzmeister Günter Herzog das Loch durch den Verkauf von schwarz gedruckten Karten, die er in Särgen seines Beerdigungsinstituts versteckte, ausgleichen wollen. Der ganze Schwindel flog auf, Hertha wurde in die zweitklassige Regionalliga Berlin zurückversetzt. Den Rest der Liga prüfte der Verband nicht, obwohl Spielausschuss-Obmann Wolfgang Holst in einer Sendung des SFB die Namen von 14 Vereinen und 20 Spielern nannte, die gegen das Regelwerk verstoßen hätten. Vor allem die Handgeldzahlungen seien immens, der 1. FC Kaiserslautern habe 120.000 Mark an Co Prins bezahlt, das Zwölffache des Erlaubten, Hertha an Nationaltorhüter Fahrian (Foto) immerhin 80.000 Mark. Doch die Konkurrenz schwieg die Offenlegung tot, der DFB ermittelte nicht, obwohl Holst sogar Dokumente vorlegte. Und Hertha spielte drei Jahre lang statt gegen Schalke und Bayern gegen Hermsdorf, Tegel oder Lichterfelde.

Ewiger Volker

Durchschnittlich sind Bundesligatrainer nach spätestens zwei Jahren wieder auf Jobsuche, manche allerdings sind gekommen, um zu bleiben. Natürlich Otto Rehhagel. Aber auch Winnie Schäfer. Und sogar einer von Hertha BSC hat es in die Top Ten geschafft.

01	**Volker Finke** (SC Freiburg)	01.07.1991 ▸ 30.06.2007
02	**Otto Rehhagel** (Werder Bremen)	02.04.1981 ▸ 30.06.1995
03	**Thomas Schaaf** (Werder Bremen)	09.05.1999 ▸ heute
04	**Winfried Schäfer** (Karlsruher SC)	01.07.1986 ▸ 25.03.1998
05	**Hennes Weisweiler** (Bor. Mönchengladbach)	01.07.1964 ▸ 30.06.1975
06	**Eduard Geyer** (Energie Cottbus)	01.07.1994 ▸ 23.11.2004
07	**Werner Lorant** (1860 München)	01.07.1992 ▸ 18.10.2001
08	**Jupp Heynckes** (Bor. Mönchengladbach)	01.07.1979 ▸ 30.06.1987
09	**Helmut Kronsbein** (Hertha BSC)	01.07.1966 ▸ 13.03.1974
10	**Jürgen Klopp** (Mainz 05)	28.02.2001 ▸ 30.06.2008

Die meisten …

… Siege

	Spieler	Spiele	Siege
01	Oliver Kahn	557	310
02	Manfred Kaltz	581	291
03	Lothar Matthäus	464	249
03	Sepp Maier	473	249
05	Stefan Reuter	502	238

… Unentschieden

	Spieler	Spiele	Remis
01	Karl-Heinz Körbel	602	155
02	Mirko Votava	546	149
03	Uli Stein	512	148
04	Stefan Reuter	502	142
05	Michael Lameck	518	140

… Niederlagen

	Spieler	Spiele	Niederlagen
01	Bernard Dietz	495	221
02	Karl-Heinz Körbel	602	220
03	Michael Lameck	518	212
04	Willi Neuberger	520	201
05	Klaus Fichtel	552	198

Die Provinz pfeift

Komisch, dass Schiedsrichter heute zumeist aus München, Berlin, Hamburg oder zumindest Herne kommen. Denn früher schienen die Referees vor allem aus solchen Orten anzureisen, von denen ohne die Unparteiischen wohl bis heute niemand je etwas gehört hätte.

Alfons Berg, Konz
Hans-Peter Best, Kämpfelbach
Ferdinand Biwersi, Bliesransbach
Horst-Peter Bruch, Bischmisheim
Georg Dardenne, Nettersheim
Herbert Fandel, Kyllburg
Werner Föckler, Weisenheim
Wilfried Heitmann, Drentwede
Walter Horstmann, Groß Escherde
Uwe Kemmling, Kleinburgwedel*
Max Klauser, Vaterstetten
Torsten Koop, Lüttenmark
Dieter Niebagall, Rammelsbach
Alfred Ott, Rheinbrol
Manfred Scheffner, Nußloch
Eberhard Schmoock, Ballrechten
Lutz Wagner, Kriftel
Wolf-Günter Wiesel, Ottbergen
Bernhard Zerr, Ottersweier

* Nicht zu verwechseln mit Christian Wulff, Großburgwedel

Kabinettstückchen

Ausgewählte Politiker und ihre Lieblingsklubs in der Bundesliga.

1. FC Kaiserslautern	**Kurt Beck** (SPD)
FC St. Pauli	**Hans Apel** (SPD)
Eintracht Frankfurt	**Richard Stücklen** (CSU)
TSV 1860 München	**Theo Waigel** (CSU)
Bayern München	**Edmund Stoiber** (CSU)
Borussia M'gladbach	**Peer Steinbrück** (SPD)
1. FC Nürnberg	**Günther Beckstein** (CSU)
Werder Bremen	**Jürgen Trittin** (Grüne)
Arminia Bielefeld	**Michael Vesper** (Grüne)
Greuther Fürth	**Henry Kissinger**
Schalke 04	**Frank-Walter Steinmeier** (SPD)
Energie Cottbus	**Angela Merkel** (CDU)

Akronyme

Die Vereinsbezeichnungen der 52 Bundesligisten.

SC	Sportclub	9
SV	Sportverein	8
FC	Fußballclub	8
1.FC	Erster Fußballclub	4
TSV	Turn- und Sportverein	3
VfL	Verein für Leibesübungen	3
SpVgg	Spielvereinigung	3
VfB	Verein für Bewegungsspiele	3
SG	Sportgemeinschaft	2
1.FSV	Erster Fußballsportverein	1
BV	Ballspielverein	1
SG	Sportgemeinde	1*
SV	Spielverein	1
SSV	Schwimm- und Sportverein	1
TSG	Turn- u. Sportgemeinschaft	1
TSV	Turn- und Spielverein	1
TuS	Turn- und Sportverein	1
TC	Tennis-Club	1**

* bei Eintracht Frankfurt nicht mehr Teil des Vereinsnamens
** bei Tennis Borussia Berlin nicht mehr Teil des Vereinsnamens

Ganz alte Erfolgsfans

Den Anhängern des FC Bayern eilt der Ruf voraus, dem Rekordmeister nur wegen des dauerhaft garantierten Erfolges anzuhängen. Die Fanklubs des FC Bayern wetteifern deshalb auf ihren Homepages um den Ehrentitel des ältesten Fanklubs.

»Ältester Fanklub des FC Bayern.«

Fanklub Steinsberg

»Ältester Fanklub unter den mitgliederstärksten Fanklubs.«

FC Bayern München Fanklub Floss

»Ältester Fanklub der Pfalz.«

FC Bayern Fanklub Hatzenbühl

»Ältester FC Bayern Fan-Club in der Hauzenberger Umgebung.«

Bayern-Power Hauzenberg

»Münchens ältester FC Bayern-Fanklub.«

Südkurve 73

»Der älteste FCB-Fanklub im oberbayrischen Chiemgau.«

FC Bayern Fanklub Fridolfing

»Zweitältester pfälzischer Bayern-Fanklub.«

Hasslocher Bazis

An der Torwand

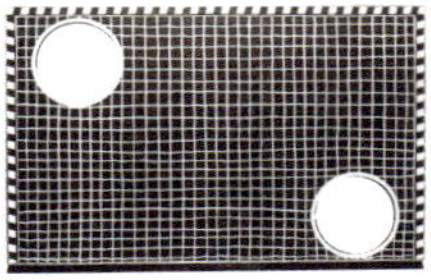

Die Löcher sind 55 Zentimeter groß, und aus sieben Metern Entfernung muss getroffen werden – drei oben, drei unten. Die Torwand im »Aktuellen Sportstudio« ist eine Instanz, die Schüsse darauf gehören zum festen Ablauf jeder Sendung. Sechsmal getroffen hat bislang niemand. Die acht Rekordschützen an der Torwand haben je fünf Treffer erzielt, kommen alle aus der Bundesliga, gerne aus Bremen und sind schon lange unter sich.

Günter Netzer	Borussia M'gladbach	18.05.1974
Rudi Völler	Werder Bremen	30.03.1985
Günter Hermann	Werder Bremen	07.05.1988
Reinhard Saftig	Bayer Leverkusen	12.10.1991
Matthias Becker	Eintracht Frankfurt	26.03.1994
Rolf Fringer	VfB Stuttgart	16.09.1995
Frank Pagelsdorf	Hamburger SV	21.08.1999
Frank Rost	Werder Bremen	11.12.1999

Das lange Warten

Bei manchem Bundesligaspieler dauerte die Zeit zwischen zwei Toren etwas länger.

Name	Tage	Tor am	nächstes Tor am
Bernd Schuster	4875	03.05.1980	07.09.1993
Henning Bürger	3970	31.10.1992	14.09.2003
Franz-Josef Steininger	3969	15.05.1981	27.03.1992
Jürgen Kramny	3850	12.02.1994	28.08.2004
Holger Ballwanz	3164	24.02.1990	24.10.1998
Florian Bruns	3161	26.01.2002	22.09.2010
Norbert Brinkmann	3136	21.02.1976	22.09.1984
Heinz Gründel	3098	12.03.1977	04.09.1985
Dieter Nüssing	3049	26.04.1969	31.08.1977
Martin Groth	3011	25.05.1989	22.08.1997

2001 Christoph Daum kehrt aus Florida zurück

Es war ein Abgang mit Effet gewesen. Als der Manager des Bundesligisten Bayer Leverkusen, Reiner Calmund, mit belegter Stimme auf einer Pressekonferenz verkündete, dass die kurz zuvor abgegebene Haarprobe des Leverkusener Cheftrainers Christoph Daum positiv auf Kokain getestet worden war, befand sich sein Trainer bereits auf dem Weg nach Amerika, nach Florida, um genau zu sein. Dort tauchte er unter und sprach tatsächlich ein paar Tage nicht einmal mit Boulevard-Reportern. Es war der vorläufige Schlusspunkt eines Dramas, wie es der deutsche Fußball selten erlebt hat. Ein angehender Bundestrainer, der vom Manager des größten Konkurrenten des Kokainkonsums bezichtigt wird. Eine wochenlange Schlammschlacht. Eine Öffentlichkeit, die sich nahezu geschlossen auf die Seite des Beschuldigten stellt und Uli Hoeneß vom FC Bayern in jedem auswärtigen Stadion mit einem gellenden Pfeifkonzert empfängt. Und ein Trainer, der, um seine Unschuld zu beweisen, nach langem Hin und Her eine Haarprobe für einen Test in einem Kölner Institut zur Verfügung stellt. Das Ende steht oben. Und nun, nach Monaten, ist Christoph Daum plötzlich wieder da. »Bild« gibt den Ton vor. Sie zelebriert das rührende Wiedersehen von Hund »Löffelchen« mit Christoph Daum in großen Buchstaben: »Wuff, wuff! Herrchen ist wieder da!« Daum selbst gibt im Kölner Hotel Hyatt eine Pressekonferenz, die kaum ein Anwesender so schnell vergessen wird. Denn anstatt den reuigen Sünder zu mimen, wie es das Reglement vorsieht, zelebriert Daum seine Rückkehr als Comeback eines Totgeglaubten. Über die Vergangenheit mag der Rückkehrer nur launig sprechen. »Die Haarprobe war im Nachhinein, muss ich sagen, ein Fehler!«, und grinst dabei wie ein Lausbub, der gerade mit einer Birne vom Obststand erwischt worden ist. Ein asiatischer Reporter steht auf und will gar nichts fragen, sondern nur mal in gebrochenem Deutsch los werden, welch großer Trainer Christoph Daum doch ist. Über die wenigen kritischen Fragen flapst sich Daum locker hinweg. Die Pressekonferenz läuft also ganz nach seinem Geschmack und tröstet ihn ein wenig darüber hinweg, dass er nun nicht mehr Bundestrainer werden kann und ihn ein langwieriges Strafverfahren im Zuge der Kokainaffäre erwartet. Erst 2006 wird er wieder einen Job in Deutschland übernehmen und den 1. FC Köln im Mai 2008 zurück in die Bundesliga führen.

Die Konkurrenten des FC Bayern

In der Saison 1968/69 wurde der FC Bayern zum ersten Mal Bundesligameister. Seitdem sahen sich die Münchner stets mit einem großen (oder manchmal auch nicht ganz so großen) Herausforderer konfrontiert, wie die Platzierungen in der Tabelle beweisen.

Borussia Mönchengladbach

1968/69	1. Bayern München	●●	3. Borussia M'gladbach
1969/70	1. Borussia M'gladbach	●	2. Bayern München
1970/71	1. Borussia M'gladbach	●	2. Bayern München
1971/72	1. Bayern München	●●	3. Borussia M'gladbach
1972/73	1. Bayern München	●●●●	5. Borussia M'gladbach
1973/74	1. Bayern München	●	2. Borussia M'gladbach
1974/75	1. Borussia M'gladbach	●●●●●●●●●	10. Bayern München
1975/76	1. Borussia M'gladbach	●●	3. Bayern München
1976/77	1. Borussia M'gladbach	●●●●●●	7. Bayern München
1977/78	2. Borussia M'gladbach	●●●●●●●●●●	12. Bayern München

Hamburger SV

1978/79	1. Hamburger SV	●●●	4. Bayern München
1979/80	1. Bayern München	●	2. Hamburger SV
1980/81	1. Bayern München	●	2. Hamburger SV
1981/82	1. Hamburger SV	●●	3. Bayern München
1982/83	1. Hamburger SV	●●●	4. Bayern München
1983/84	2. Hamburger SV	●●	4. Bayern München

Werder Bremen

1984/85	1. Bayern München	●	2. Werder Bremen
1985/86	1. Bayern München	●	2. Werder Bremen
1986/87	1. Bayern München	●●●●	5. Werder Bremen
1987/88	1. Werder Bremen	●	2. Bayern München

1.FC Köln

1988/89	1. Bayern München	●	2. 1.FC Köln
1989/90	1. Bayern München	●	2. 1.FC Köln

Werder Bremen

1990/91	2. Bayern München	●	3. Werder Bremen
1991/92	9. Werder Bremen	●	10. Bayern München
1992/93	1. Werder Bremen	●	2. Bayern München

Borussia Dortmund

1993/94	1. Bayern München	●●●	4. Borussia Dortmund
1994/95	1. Borussia Dortmund	●●●●●	6. Bayern München
1995/96	1. Borussia Dortmund	●	2. Bayern München

Bayer Leverkusen

1996/97	1. Bayern München	●	2. Bayer Leverkusen
1997/98	2. Bayern München	●	3. Bayer Leverkusen
1998/99	1. Bayern München	●	2. Bayer Leverkusen
1999/00	1. Bayern München	●	2. Bayer Leverkusen

Borussia Dortmund

2000/01	1. Bayern München	●●	3. Borussia Dortmund
2001/02	1. Borussia Dortmund	●●	3. Bayern München
2002/03	1. Bayern München	●●	3. Borussia Dortmund

Werder Bremen

2003/04	1. Werder Bremen	●	2. Bayern München
2004/05	1. Bayern München	●●	3. Werder Bremen
2005/06	1. Bayern München	●	2. Werder Bremen
2006/07	3. Werder Bremen	●	4. Bayern München
2007/08	1. Bayern München	●	2. Werder Bremen

VfL Wolfsburg

2008/09	1. VfL Wolfsburg	●	2. Bayern München

Schalke 04

2009/10	1. Bayern München	●	2. Schalke 04

Borussia Dortmund

2010/11	1. Borussia Dortmund	●●	3. Bayern München
2011/12	1. Borussia Dortmund	●	2. Bayern München

Stehplatz ermäßigt

Immer noch die einfachste Möglichkeit, sich an vergangene Schlachten zu erinnern. Und natürlich an die früheren Monopolisten im Ticketgewerbe, die Druckereien Haubold (Eschwege) und Hornberger (Waldfischbach).

Stehplatz
VFL Bochum
Spieltag: 24.09.94 Beginn: 15.30 Uhr
TJAEREBORG
Viel Urlaub für wenig Geld!
Arminia Bie
Sitzplatz Nord
Block:
FABER Lottoza
DressMaster
Partner der SG Wattenscheid 09
immer
tun was.
Ford
SG Wattenscheid 09 e. V.
Lohrheide-Stadion
1. Bundesliga
Stehplatz
Jugendliche/Schwerbehinderte/
Mitglieder
– Preis lt. Aushang –
einschließlich Mehrwertsteuer
TANZBAR TROPICAL
Münster · Friedrich-Ebert-Straße 78
Eintra
Spaß mit Sport
Presse
Berechtigt zum Besuch der Pressekonferenz
BMW
GALLUSW
Bochum 1848
ie tun was. Ford
Borussia 09 e.V. Dortmund 1984/85 Westfalenstadion
VB – 1. FC Kaiserslautern
Stehplatz
Nordtribüne
Block
6
Jugend
14
Eintrittsgeld 4,30 DM
Mehrwertst. 0,60 DM
Sportgroschen 0,10 DM
5,00 DM
DIE BUNDESLIGA
Spiel-Nr.
14
Ruhrstadion Bochum
Karlsruher SC
Sitzplatz Tribüne Nord
Presseblock
Reihe 12
Sitz: 21
Kontrolle 1
FABER Lottozahlen mit
Das leckere Alt vom Nie
Preis
DM 16,–
Eingang
MSV DUISBURG
Saison 94/95
Wedau-Stadio
Werder Bremen
FAN-SHOP
FC Bayer 05 Uerdingen
im Hause
Horten Horten Horten
Telefon (02151)
80 22 42
FC Bayer 05
FC Bayer 05 Uerdi
kfurter Sparkasse
Saison 94/95
FRANKFURT –
Jugend, Studenten
Körperbehinderte, Re
ner SC
Gilt nur bei Vorlage des Ausweises
ermäßigt
FEKO
1. FC Kaiserslautern
Freitag, 18. Oktober 1991, 19
gegen
Duisbur
Stehplatz Nord
DM 14,–
DORTMUND
BV Bo
Wilhelm-Koch-Stadion

Rote Karten

In der Saison 1972/73 wurden nur fünf Spieler vom Platz gestellt, so wenige wie seither nie mehr wieder in der Bundesliga. Damals gab es noch keine Gelb-Rote Karte, sie wurde 1991/92 eingeführt. Es wurden aber generell viel seltener Spieler vom Platz gestellt. Allerdings waren die Akteure nicht zahmer, die Regeln beim Foulspiel wurden jedoch viel großzügiger ausgelegt. Trotzdem erwischte es diese Spieler:

Erwin Kostedde (Kickers Offenbach)
Bernd Lehmann (MSV Duisburg)
Willi Reimann (Hannover 96)
Bernd Schmidt (Werder Bremen)
Klaus Winkler (Hamburger SV)

Trauerspiel

Der erste Tote der Bundesliga ist ein Opfer von Pfusch und Leichtgläubigkeit. Das Bundesligaspiel des 1. FC Kaiserslautern gegen den 1. FC Köln auf dem Betzenberg im November 1964 ist ausverkauft. Auf den Stehrängen drängen sich die Menschen im oberen Sektor der völlig überfüllten Südtribüne. Als mit dem Ruf »Hauruck« weitere Zuschauer in den Block hineinwollen, werden weiter unten stehende Zuschauer gegen eine an den Sitzplatzblock grenzende Absperrkette gedrängt. Der Maler Emil Heim aus Heßhelm wird dabei schwer verletzt und stirbt im Krankenhaus.

Der Todesfall hat ein Nachspiel. Ein Prozess im Februar 1966 bringt fachliche Fehleinschätzungen zutage. So hat der Architekt Egon Opp die Kapazität sowohl der Südtribüne als auch der anderen Stehplatzareale falsch berechnet, und der damalige Leiter der Baupolizei, Adolf Jung, hat darauf verzichtet, die Zahlen zu überprüfen. Das Landgericht verurteilt beide zu Geldstrafen. In vielen Stadien wird daraufhin das ursprünglich angenommene Fassungsvermögen überprüft und zumeist deutlich nach unten korrigiert. Die Maßnahme erweist sich als ein Segen für die Zuschauer, für Emil Heim kommt sie zu spät.

Torhüter und ihre Gegentore

Die Bilanzen der Torhüter mit mehr als 100 Bundesligaspielen gehen sehr weit auseinander. Das liegt selbstverständlich aber nicht nur an den Männern im Kasten, sondern auch an denen davor. Die vier besten haben vor allen Dingen im Tor des FC Bayern gestanden, und das garantierte ihnen fast immer eine gute Abwehr davor.

Die wenigsten Gegentore pro Spiel

		Spiele	Gegentore	pro Spiel
01.	**Manuel Neuer**	196	178	0,91
02.	**Oliver Kahn**	557	582	1,04
03.	**Jean-Marie Pfaff**	156	165	1,06
04.	**Raimond Aumann**	216	230	1,06
05.	**Roman Weidenfeller**	266	293	1,10
06.	**Oliver Reck**	471	534	1,13
07.	**Timo Hildebrand**	266	303	1,14
08.	**Jens Lehmann**	394	454	1,15
09.	**Andreas Reinke**	228	275	1,21
10.	**Stefan Klos**	254	307	1,21

Die meisten Gegentore pro Spiel

		Spiele	Gegentore	pro Spiel
01.	**Jürgen Rynio**	186	389	2,09
02.	**Rudolf Wimmer**	185	373	2,02
03.	**Uwe Greiner**	133	255	1,92
04.	**Wolfgang Scheid**	105	198	1,89
05.	**Jürgen Pahl**	152	279	1,84
06.	**Bernd Helmschrot**	107	192	1,79
07.	**Manfred Müller**	143	249	1,74
08.	**Werner Vollack**	150	261	1,74
09.	**Jörg Daniel**	112	194	1,73
10.	**Horst Schnoor**	106	183	1,73

Mein Tier und ich: Hund

Zwergpudel »Siebert«, seit 243 Tagen in der Gewalt von Olaf Thon. »Noch geht es ihm gut«, höhnt der schurkische Geiselnehmer.

Meiste Ruhrgebietsklubs in der Bundesliga in einer Saison

Das Ruhrgebiet nimmt für sich in Anspruch, das Herz des deutschen Fußballs zu sein. In einigen Jahren galt das auch numerisch.

1963/64	3	1981/82	▼ 3	1993/94	▼ 3
1966/67	▲ 4	1983/84	▼ 2	1995/96	▼ 2
1967/68	▼ 3	1984/85	▲ 3	1996/97	▲ 4
1969/70	▲ 5	1988/89	▼ 2	1999/00	▼ 3
1972/73	▼ 4	1990/91	▲ 3	2001/02	▼ 2
1976/77	▲ 5	1991/92	▲ 5	2002/03	▲ 3
1977/78	▼ 4	1992/93	▼ 4	seit 09/10	▼ 2

Knappe Entscheidung

800 Fanklubs aus der ganzen Republik sind im Schalker Fanklub-Verband organisiert. Manche waren bei der Namensgebung mutig (»Tausend Freunde Dortmund«) andere nostalgisch (»Fanclub Ingo Anderbrügge«), einige wenige kamen sogar auf die Idee, sich nach einer alten Berufsbezeichnung für Bergleute zu benennen.

- Beckhausener Knappen
- Aabach-Knappen
- Alte Knappen
- Altstadtknappen
- Bergstadtknappen Rüthen
- Bergische Knappen Remscheid
- Blau-Weiße Knappen
- Schalker Knappen Coesfeld
- Dörenther Knappen
- Driland Knappen
- Doko-Knappen
- Dorfknappen Darfeld
- Erwitter Knappen
- Hellweg-Knappen
- Horneburger Knappen
- Horster BP Knappen
- Hövelhofer Knappen 04
- Kerspe-Knappen
- Knappen der Tabakstadt '98
- Knappensturm
- Königsblaue Biberknappen
- Lippeknappen
- Mindener Knappen
- Nordkirchener Knappen
- Pantringshofer Knappen Herne
- Rhein-Erft-Knappen
- Rheinknappen
- Rhein-Sieg-Knappen
- Ruhrknappen Bottrop
- Ruhrknappen Wengern
- Schalker Revierknappen
- Schlossknappen
- Sorpetaler Knappen
- Steinbergknappen Ostwig
- Weberstadtknappen
- Werther Knappen
- Wittgensteiner Knappen
- Donau-Knappen Oberschwaben
- Elztal-Knappen
- Immerblaue Bodenseeknappen
- Kerrlocher Knappen
- Leimener Knappen 04
- Altmühl-Knappen
- Blau-Weiße Naabtal-Knappen
- Schalker Knappen Bauland
- Oder-Knappen Glück Auf Eisenhüttenstadt
- Blau-weiße Knappen
- Alheim Rodensteiner Knappen
- Schalker Knappen Nieder-Ohmen
- Schalker Knappen Usthem
- Fresena-Knappen
- Göttinger Knappen
- Müchelner Knappen
- Zeitzer Knappen
- Flensburger Knappen
- Föhrer Knappen
- Kropper Knappen

Alptraum am Mikrofon

Bundesligaprofis, die selbst erfahrenen Reportern den Angstschweiß auf die Stirn treiben.

Wladimir Bestchastnykh (Werder Bremen)
Geirmund Brendesaether (Arminia Bielefeld)
Slawomir Chalaskiewicz (Hansa Rostock)
Davidson Drobo-Ampem (FC St. Pauli)
Salim Djefaflia (Hannover 96)
Thomas Gomminginger (VfB Stuttgart)
Awudu Issaka (TSV 1860 München)
Zbigniew Kruszynski (1. FC Saarbrücken)
Michael Rzehaczek (VfL Bochum)
Lajos Szücs (1. FC Kaiserslautern)
Jean Tsoumou-Madza (Eintracht Frankfurt)
Piotr Tyszkiewicz (VfL Wolfsburg)
Witold Wawrzyczek (Energie Cottbus)
Klaus Zaczyk (Karlsruher SC)
David Zdrilic (SSV Ulm)
Hysen Zmijani (FC St. Pauli)

Experten der Torlosigkeit

Sie kamen, spielten und nichts passierte – jedenfalls fielen keine Tore. Dass fünf Spieler von Werder Bremen aus der Ära von Otto Rehhagel unter jenen sind, die am häufigsten 0:0 spielten, ist wohl kein Zufall.

		Spiele gesamt	davon 0:0
01.	**Oliver Reck**	471	57
02.	**Mirko Votava**	546	50
03.	**Mike Büskens**	370	44
04.	**Uli Borowka**	388	43
05.	**Dieter Eilts**	390	41
06.	**Michael Bella**	405	39
07.	**Michael Lameck**	518	38
07.	**Michael Zorc**	463	38
07.	**Richard Golz**	453	38
10.	**Lothar Woelk**	420	37
10.	**Jens Lehmann**	394	37
10.	**Thomas Wolter**	312	37

Anatomie der Liga

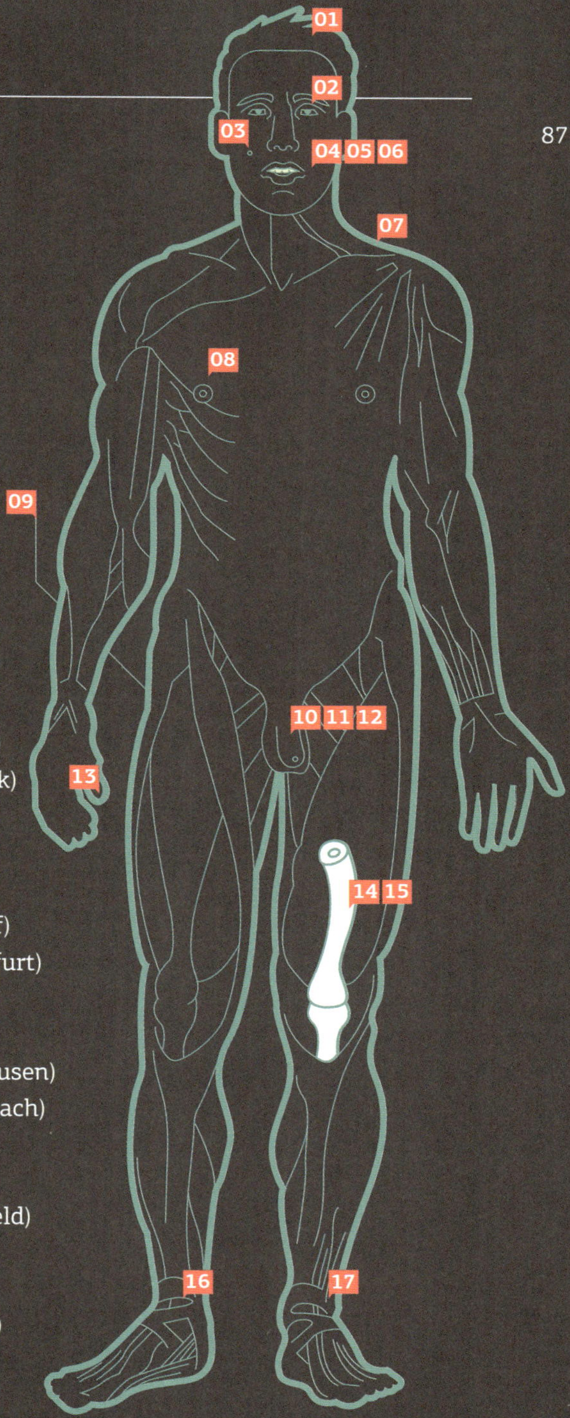

01 **Kopp, Guido** (Borussia M'gladbach)
02 **Gansauge, Thomas** (Hansa Rostock)
03 **Makel, Hubert** (Bayer Leverkusen)
04 **Maul, Ronald** (Arminia Bielefeld)
05 **Zahn, Helmut** (Karlsruher SC)
06 **Giefer, Fabian** (Fortuna Düsseldorf)
07 **Dickhaut, Mirko** (Eintracht Frankfurt)
08 **Hupe, Dirk** (Arminia Bielefeld)
09 **Rekdal, Kjetil** (Hertha BSC)
10 **Geschlecht, Roman** (Bayer Leverkusen)
11 **Kastrati, Bekim** (Borussia M'gladbach)
12 **Woodcock, Anthony** (1. FC Köln)
13 **Nagel, Andreas** (Hannover 96)
14 **Krumbein, Bernd** (Arminia Bielefeld)
15 **Knoche, Robin** (VfL Wolfsburg)
16 **Bender, Lars** (Bayer Leverkusen)
17 **Bender, Sven** (Borussia Dortmund)

1969 »Hermann Lindemann im Bordell verhaftet«

Seit März 1969 ist Hermann Lindemann Trainer von Borussia Dortmund. Der kleine Osthesse mit der dicken Hornbrille soll als vierter Coach in der laufenden Saison den schwächelnden Bundesligisten vor dem Abstieg retten. Das kleine Wunder gelingt, mit Ach und Krach rettet sich der BVB auf Tabellenplatz 15 und startet erstaunlich gut in die folgende Saison. Dennoch wähnt sich Lindemann stets kurz vor dem Rausschmiss und ist ständig auf der Hut vor Intrigen aus den Vereinsgremien. Und deshalb trifft ihn beinahe der Schlag, als er am Morgen vor dem Auswärtsspiel im Hamburger Hotel »Europäischer Hof« im Frühstücksraum der versammelten Mannschaft ein »Guten Morgen, Männer. Gut geschlafen?« zuruft, um dann entgeistert auf die Schlagzeile eines auf dem Tisch liegenden Revolverblattes zu starren. »Hermann Lindemann im Bordell verhaftet!« steht dort in großen Lettern. Der Dortmunder Trainer wird kreidebleich und ruft: »Ich war in meinem ganzen Leben noch nie im Puff!« Er wittert eine Rufmordkampagne des Vorstandes. Also ruft er den Kellner (»Herr Ober, ich brauch einen Anwalt!«) und befielt seiner Frau in Duisburg per Fernruf, alle verfügbaren Kioske in der näheren Umgebung anzufahren und die Exemplare sicherzustellen. Doch die kehrt unverrichteter Dinge wieder heim, die Zeitung ist nicht auffindbar. Da endlich werden Ferdi Heitkamp, Reinhold Wosab und andere beim Trainer vorstellig und beichten eine Missetat.

Am Vorabend waren die Spieler zur Reeperbahn gefahren und dort in einem Geschäft vorstellig geworden, in dem man eigene Titelseiten der »St. Pauli-Nachrichten« drucken lassen konnte. »Nur ein dummer Flachs von uns«, erklären die Spieler, was den Zorn Lindemanns nur unwesentlich dämpft. Immerhin münzt er seine Wut pädagogisch um. »Ihr könnt das nur gutmachen, wenn ihr gewinnt.« Die Chance zur Versöhnung lassen die Spieler verstreichen, nach 3:1-Führung verlieren sie noch 3:4. Lindemanns letzte Worte vor der Abfahrt des Busses lauten verheißungsvoll: »Ich reiß euch den Arsch auf.« Zurück in Dortmund drehen die Spieler eine Strafrunde nach der anderen.

Schöne Spitznamen

Ein Fußballspieler ohne Spitznamen muss irgendetwas falsch gemacht haben. Doch meistens müssen sich auch Bundesligakicker mit lustlosen Verkürzungen oder Verdrehungen ihrer Vor- und Nachnamen zufrieden geben. Schön, wenn sich Kollegen oder Fans etwas mehr Mühe machen.

Blondie – Gerald Asamoah
Paule – Stefan Beinlich
Zico – Uwe Bindewald
Die Axt – Uli Borowka
Der Kannibale – Khalid Boulahrouz
Bambi – Thomas Brdaric
Mozart – Thomas Broich
Buyo – Mike Büskens
Asche – Ashkan Dejagah
Enatz – Bernard Dietz
Lego – Werner Dressel
Pudel – Michael Eggert
Tarzan – Gerry Ehrmann
Lutscher – Torsten Frings
Anneliese – Werner Görts
Kleinschmidt – Carlos Großmüller
Icke – Thomas Häßler
Hubschrauber – Vahid Hashemian
Schädel-Harry – Harald Karger
Rübe – Rüdiger Kauf
Flipper – Jürgen Klinsmann
Kanzler – Ralf Kohl
Kokser – Jürgen Kohler
Eia – Werner Krämer
Der Apparat – Rainer Krieg
Ata – Michael Lameck
Ente – Willi Lippens
Phantom – Marek Mintal
Zwetschge – Zvjezdan Misimovic
Heintje – Andreas Möller
Fischken – Willi Multhaup
Zecke – Andreas Neuendorf
Dr. Hammer – Bernd Nickel
Besugo* – Mesut Özil
Ikea – Marcelo Pletsch
Mad Dog – Emanuel Pogatetz
Magic – Michael Prus
Der Boss – Helmut Rahn
Mäuschen – Ratinho
Schnitzel – Tomas Rosicky
Fäustl – Frank Rost
Brazzo – Hasan Salihamidzic
Knochen – Jan Schlaudraff
Schnix – Bernd Schneider
Blonder Engel – Bernd Schuster
Pino – Franz-Josef Steininger
Professor – Olaf Thon
Tante Käthe – Rudi Völler
Kobra – Jürgen Wegmann
Fummel – Bernd Wehmeyer
Acker – Werner Weist
Kampfschwein – Marc Wilmots
Cäsar – Klaus Wunder
Zimbo – Gerd Zimmermann
Susi – Michael Zorc
Katze – Ralf Zumdick

*spanisch für Meerbrasse

Ende mit Schrecken

Manchmal kann die Karriere eines Fußballprofis vom einen auf den anderen Moment vorbei sein, wie vier schreckliche Momente aus der Bundesligageschichte zeigen.

Ditmar Jakobs Als der Hamburger SV am neunten Spieltag der Saison 1989/90 gegen Werder Bremen spielte, waren beide Klubs im Tabellenkeller. In der 20. Minute lief ein Konter der Gäste, Hamburgs Keeper Richard Golz war schon überlupft, nur Verteidiger Ditmar Jakobs hatte noch eine Chance, an den Ball zu kommen. Im letzten Moment rettete Jakobs, doch als er sich aus dem Tornetz befreien wollte, gelang ihm das nicht. »Ich hing irgendwo fest, tastete meinen Rücken ab und fühlte das Tornetz, aber auch kaltes Metall«, erinnert er sich. Jakobs hing an einem Karabinerhaken fest, der Teil einer Befestigungsstange des Torgehäuses war. Nach 20 Minuten erfolgloser Befreiungsversuche schnitt Mannschaftsarzt Gerold Schwarz ihm mit einem Skalpell das eingehakte Stück Fleisch heraus. Doch bei der Rettungsaktion waren mehrere Dornfortsätze der Wirbel beschädigt und wichtige Nerven durchtrennt worden. Jakobs musste seine Karriere mit 36 Jahren beenden, Schmerzen und eine gestörte Motorik blieben. Das Spiel gewann der HSV mit 4:0.

Heinz Flohe Im Sommer 1979 war Heinz Flohe nach 13 Jahren beim 1. FC Köln zu 1860 München gewechselt. Dort endete seine Karriere am 1. Dezember 1979 abrupt. Beim Heimspiel gegen den MSV Duisburg erwischte deren Vorstopper Paul Steiner, einer der harten Männer der Liga, Flohe im Mittelfeld und durchtrat ihm Schien- und Wadenbein. Der Spielmacher schrie entsetzt: »Das Bein ist ab, das Bein ist ab!« Steiner stand schweigend dagegen und beschwerte sich sogar noch über die Gelbe Karte. Der damals 31 Jahre alte Flohe spielte nie wieder und litt noch viele Jahre später unter den Folgen der Verletzungen. Er verklagte Steiner auf Schadensersatz und Schmerzensgeld, doch vor Gericht wurde der Duisburger gegen Zahlung einer Geldbuße von 5000 D-Mark freigesprochen, weil ihm keine Absicht nachzuweisen war. Empfänger des Bußgelds war die Stiftung »Sicherheit im Skisport«.

Peter Meyer Zu Beginn der Saison 1967/68 war Peter Meyer von Fortuna Düsseldorf zu Borussia Mönchengladbach gewechselt und erlebte eine Hinrunde wie im Traum. 19 Tore schoss er in 15 Einsätzen und galt als Kandidat für die Nationalmannschaft – bis zum 9. Januar 1968. Bei einem Trainingsspiel vor den Augen der Verbandstrainer war Meyer vielleicht etwas übermotiviert, vielleicht hatte er auch einfach nur Pech, der Moment jedenfalls war schrecklich. »Wir spielten auf gefrorenem Boden, da fällt mir der Torhüter aufs Bein, und der Knochen stach durch meine Hose hinaus. Das konnte man 200 Meter weit hören, als wäre eine Holzlatte gebrochen.« Über ein Jahr zog sich die Genesung hin, auch weil er damals noch nebenbei arbeitete. Doch richtig fit wurde Meyer nicht mehr. Am zweiten Spieltag der Saison 1969/70 lief er noch mal gegen Bayern München auf, in der Halbzeit musste er vom Platz, weil die Schmerzen zu groß waren. Seine Karriere war mit 29 Jahren unwiderruflich vorbei. »Diese Verletzung war eine Katastrophe«, sagt Meyer. »Sie hat mich die WM gekostet, wenigstens drei bis fünf Millionen Mark, meine Torjäger-Kanone, dazu die Auszeichnung als Sportler des Jahres.«

Holger Aden Am fünften Spieltag der Saison 1994/95 lag Aufsteiger VfL Bochum gegen den SC Freiburg mit 0:2 zurück, als Mittelstürmer Holger Aden aus einem Gewühl den Ball zum Anschlusstreffer über die Linie drückte. Es war sein vierter Treffer im vierten Spiel der Saison, und schon im Vorjahr hatte er dem Klub trotz etlicher Verletzungen mit seinen Toren zur Rückkehr in die Bundesliga verholfen. Doch der Jubel über sein Tor wich sofort Entsetzen, denn Aden musste vom Platz getragen werden. Das Kreuzband war gerissen, die Bundesligakarriere des Torjägers war in diesem Moment vorbei. Seine letzte Ballberührung war ein Tor gewesen, das allerdings wenig half, Freiburg gewann das Spiel schließlich mit 3:1.

Rekordmeister vor der Bundesliga

Als die Bundesliga im Jahr 1963 startete, gab es noch ganz andere Vorstellungen davon, welche eigentlich die großen Traditionsvereine sind.

1. FC Nürnberg	8	Dresdner SC	2	Freiburger FC	1
Schalke 04	7	Hannover 96	2	Phönix Karlsruhe	1
Bor. Dortmund	3	1. FC K'lautern	2	Karlsruher FV	1
SpVgg Fürth	3	VfB Stuttgart	2	Holstein Kiel	1
Hamburger SV	3	Union 92 Berlin	1	1. FC Köln	1
VfB Leipzig	3	Fortuna Düsseldorf	1	VfR Mannheim	1
Hertha BSC	2	Rot-Weiss Essen	1	Bayern München	1
Viktoria Berlin	2	Eintracht Frankfurt	1	Rapid Wien	1

Der erste Schnauzbart der Liga

Bernd Gerssdorf, damals neu bei Eintracht Braunschweig mutmaßte, er sei wohl der Erste gewesen, der sich in der Bundesliga einen Schnauz hatte stehen lassen. Und in der Tat war Gerssdorf derjenige, der sich Anfang der Siebziger als Erster über längere Zeit einen buschigen Oberlippenbart stehen ließ. Den wirklich allerersten Schnauzbart in der Bundesliga jedoch trug ein anderer: Franz Beckenbauer, der Kaiser himself.

Kartenspiele

- ● **Erster mündlicher Platzverweis der Bundesligageschichte**
  Helmut Rahn (MSV Duisburg, 14. September 1963)

- ● **Erste Rote Karte der Bundesligageschichte**
  Lothar Kobluhn (Rot-Weiß Oberhausen, 10. Oktober 1970)

- ● ● **Erste Gelb-Rote Karte der Bundesligageschichte**
  Stefan Effenberg (Bayern München, 20. August 1991)

Wehe, wenn die kommen

Es gibt immer mal Mannschaften, die einem nicht liegen. Aber diese Serien ohne Sieg gegen einen Gegner sind schon leicht neurotisch

Mannschaft	Gegner	Spiele	Jahr
Borussia Mönchengladbach	**Bayer Leverkusen**	26	1994–2010
1. FC Köln	**1. FC Kaiserslautern**	25	1991–2011
MSV Duisburg	**Bayern München**	24	1979–heute
VfL Bochum	**Werder Bremen**	23	1981–1992
1. FC Nürnberg	**Hamburger SV**	22	1968–1989
SC Freiburg	**Bayern München**	20	1996–heute

Das Friedenskorps

Ohne Foul geht's auch. Bemerkenswert ist, dass in diesen beiden Auflistungen neben etlichen Torhütern auch viele Verteidiger oder Defensivspieler stehen.

Meiste Spiele ohne Platzverweis

01	**Karl-Heinz Körbel**	602
02	**Manfred Kaltz**	581
03	**Mirko Votava**	546
04	**Michael Lameck**	518
05	**Bernard Dietz**	495
06	**Reiner Geye**	485
07	**Dieter Burdenski***	478
08	**Sepp Maier***	473
09	**Franz-Josef Tenhagen**	457
10	**Norbert Nigbur***	456

Meiste Spiele ohne Karte (seit Einführung der Gelben Karte)

01	**Ronnie Hellström***	266
02	**Werner Weist**	145**
03	**Jörg Daniel***	112
04	**Peter Kunter***	101**
05	**H.-J. Pochstein**	99
06	**Ludwig Bründl**	95**
07	**Horst Bertram***	94**
08	**Franz-Josef Pauly***	94**
09	**Egon Schmitt**	94**
10	**Stefan Wächter***	92

* Torhüter
**Spiele vor Einführung der Gelben Karte sind nicht berücksichtigt

Traditionsreiche Blätter

Aus rätselhaften Gründen überfällt Fußballklubs immer wieder mal der Wunsch, ihre Stadionzeitungen umzubenennen. Daher gibt es nur wenige Blätter, die auf eine ungebrochen lange Tradition zurückschauen können.

Fohlenecho (Borussia Mönchengladbach) seit 1965*
Kurze Fuffzehn (Rot-Weiss Essen) seit 1967
Fortuna Aktuell (Fortuna Düsseldorf) seit 1971
Geißbock-Echo (1. FC Köln) seit 1974**
Stadion Aktuell (VfB Stuttgart) seit 1977

* von Günter Netzer gegründet
**schon 1957 gegründet, aber für zwei Jahre unterbrochen

Die Europapokalbilanz der Bundesliga

Je sechs deutsche Sieger gab es im Europapokal der Landesmeister bzw. der Champions League (EC1) und dem UEFA-Cup, der heutigen Europa League (EC3). Der Europapokal der Pokalsieger (EC2) wurde 1998 zum letzten Mal ausgetragen.

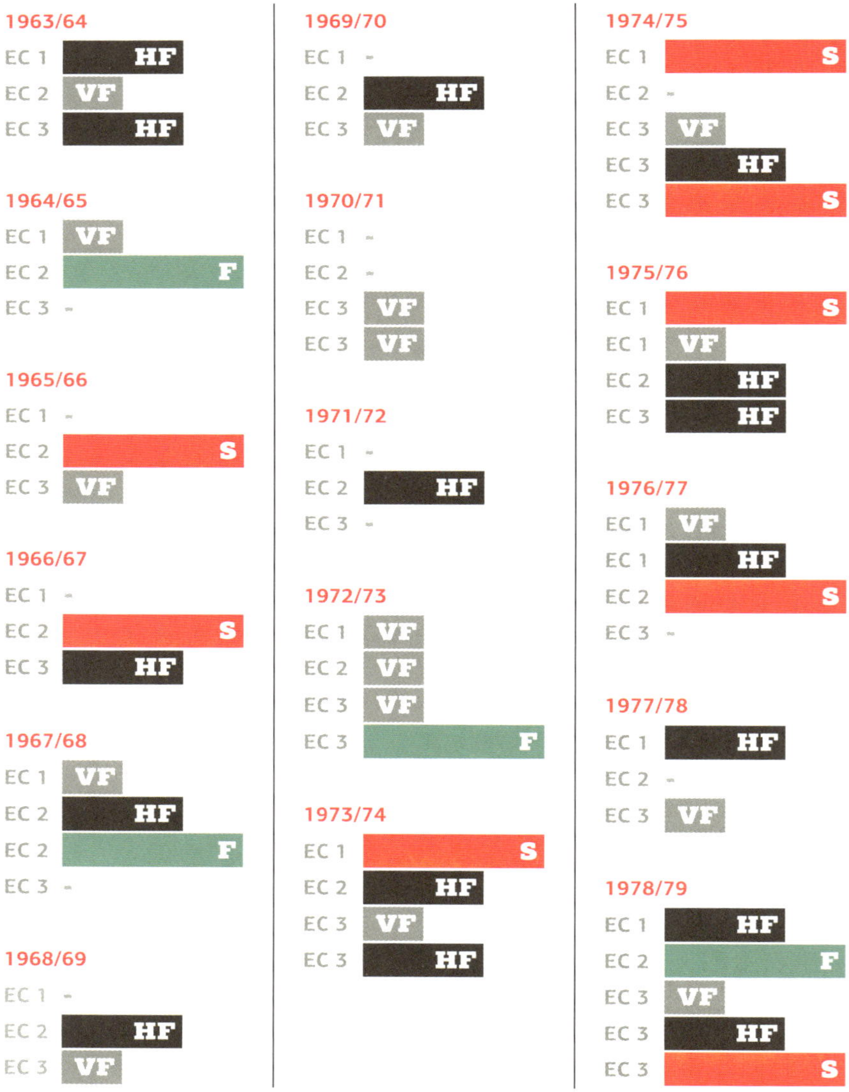

1979/80
EC 1 HF
EC 2 -
EC 3 VF
EC 3 HF
EC 3 HF
EC 3 F
EC 3 S

1980/81
EC 1 HF
EC 2 VF
EC 3 HF

1981/82
EC 1 F
EC 2 VF
EC 3 HF
EC 3 F

1982/83
EC 1 S
EC 2 VF
EC 3 VF

1983/84
EC 1 -
EC 2 -
EC 3 -

1984/85
EC 1 -
EC 2 HF
EC 3 VF

1985/86
EC 1 VF
EC 2 HF
EC 3 F

1986/87
EC 1 F
EC 2 -
EC 3 HF

1987/88
EC 1 VF
EC 2 -
EC 3 HF
EC 3 S

1988/89
EC 1 VF
EC 2 VF
EC 3 HF
EC 3 F

1989/90
EC 1 HF
EC 2 -
EC 3 VF
EC 3 HF
EC 3 HF

1990/91
EC 1 HF
EC 2 -
EC 3 -

1991/92
EC 1 -
EC 2 S
EC 3 -

1992/93
EC 1 -
EC 2 -
EC 3 -

1993/94
EC 1* VF
EC 2 VF
EC 3 VF
EC 3 VF
EC 3 HF

1994/95
EC 1 HF
EC 2 -
EC 3 VF
EC 3 HF
EC 3 HF

1995/96
EC 1 VF
EC 2 VF
EC 3 S

1996/97
EC 1 S
EC 2 -
EC 3 S

*Zwischenrunde der Champions League in Gruppenspielen

1997/98

EC 1 VF
EC 1 HF
EC 2 F
EC 3 VF

1998/99

EC 1 VF
EC 1 F
EC 2 -
EC 3 -

1999/00

EC 1 HF
EC 3 VF

2000/01

EC 1 S
EC 3 HF

2001/02

EC 1 VF
EC 1 F
EC 3 F

2002/03

EC 1 -
EC 3 -

2003/04

EC 1 -
EC 3 -

2004/05

EC 1 VF
EC 3 -

2005/06

EC 1 -
EC 3 HF

2006/07

EC 1 VF
EC 3 VF
EC 3 HF

2007/08

EC 1 VF
EC 3 VF
EC 3 HF

2008/09

EC 1 VF
EC 3 HF
EC 3 F

2009/10

EC 1 F
EC 3 VF
EC 3 HF

2010/11

EC 1 HF
EC 3 -

2011/12

EC 1 F
EC 3 VF
EC 3 VF

VH: Viertelfinale
HF: Halbfinale
F: Finale
S: Sieg

Die üblichen Verdächtigen

Die häufigsten Familiennamen der Bundesligageschichte

Müller	38
Schmidt	28
Schneider	16
Schulz	15
Weber	15
Meyer	13
Wagner	13
Hoffmann	12
Becker	11
Koch	11
Fischer	11
Schäfer	11
Wolf	11
Fuchs	10
Jensen	10
Neumann	10
Schröder	10

Verirrt in die Bundesliga

Immer wieder kamen Profis aus dem Ausland in die Bundesliga, die zuvor nachgewiesen hatten, dass sie sehr gute Fußballspieler waren, und es auch danach wieder zeigten. Nur in Deutschland wollte es mit ihnen nicht klappen.

Jahn-Ivar Jacobsen

Der Norweger, genannt »Mini«, ist noch heute ein Star in seinem Heimatland. Mit 25 Jahren kam er 1993 als ausgewiesener Torjäger zum MSV Duisburg, wo er nur zweimal eingesetzt wurde. Über Lierse wechselte er zu seinem Heimatklub Rosenborg Trondheim und spielte dort erfolgreich in der Champions League.

Landon Donovan

Inzwischen ist der US-Amerikaner Rekordtorschütze seines Lands, doch weder bei Bayer Leverkusen noch beim FC Bayern München unter Jürgen Klinsmann konnte er sich in der Bundesliga durchsetzen.

Jean-Pierre Papin

Eigentlich traf der Franzose bei jedem Klub, ob beim FC Brügge, Olympique Marseille oder Girondins Bordeaux, nur seine Saison 1994/95 bei den Bayern war mit drei Treffern in 27 Spielen eine Qual.

Matthew Amoah

In Holland war der ghanaische Torjäger bei Vitesse Arnheim ein Star und wurde es bei NAC Breda auch wieder, nachdem er 2007 zwei trostlose Jahre in Dortmund beendet hatte.

Lubomir Moravcik

Zinedine Zidane bezeichnete den Slowaken, der lange in Frankreich gespielt hatte, als sein Vorbild. Doch als er 1998 aus Bastia zum MSV Duisburg kam, fiel er durch und wechselte nach nur fünf Spielen weiter, um bei Celtic Glasgow zum Publikumsliebling zu werden.

Hami Mandirali

Beim türkischen Traditionsklub Trabzonspor ist er als Rekordspieler und Rekordtorschütze eine Legende, sein Ausflug zu Schalke 04 in der Saison 1998/99 war ein kompletter Reinfall.

Mladen Pralija

Der Nachfolger von Uli Stein beim HSV war kein schlechter Torwart, nur konnte er das in Deutschland niemandem beweisen. Nach einer Halbsaison voller Patzer und einer Sintflut von Gegentoren kehrte er 1988 nach Jugoslawien zurück und war wieder ein guter Keeper.

Blitztabelle vom Abgrund

Das größte Abstiegsdrama der Bundesligageschichte fand am 29. Mai 1999 statt. Mit Borussia Mönchengladbach und dem VfL Bochum standen zwei Absteiger schon fest. Kandidaten für den dritten Abstiegsplatz (es gab damals keine Relegation) waren fünf Vereine, deren Schicksal sich an diesem Samstag gleich mehrfach wendete. In der berühmten Hörfunkkonferenz wehklagte Günther Koch damals aus Nürnberg: »Wir melden uns vom Abgrund.« Wie der Club damals in denselben stürzte, zeigt der Nachmittag in der Folge der Blitztabellen.

Ausgangsposition:

12	1. FC Nürnberg	-9	37
13	VfB Stuttgart	-8	36
14	SC Freiburg	-9	36
15	Hansa Rostock	-10	35
16	Eintr. Frankfurt	-14	34

6. Minute

Stuttgart – Werder Bremen **1:0**

Torschütze: Fredi Bobic

12	VfB Stuttgart	-7	39
13	1. FC Nürnberg	-9	38
14	SC Freiburg	-9	37
15	Hansa Rostock	-10	36
16	Eintr. Frankfurt	-14	35

28. Minute

1.FC Nürnberg – SC Freiburg **0:1**

Torschütze: Ali Günes

12	VfB Stuttgart	-7	39
13	SC Freiburg	-8	39
14	1. FC Nürnberg	-10	37
15	Hansa Rostock	-10	36
16	Eintr. Frankfurt	-14	35

34. Minute

1. FC Nürnberg – SC Freiburg **0:2**

Torschütze: Ali Günes

12	VfB Stuttgart	-7	39
13	SC Freiburg	-7	39
14	1. FC Nürnberg	-11	37
15	Hansa Rostock	-10	36
16	Eintr. Frankfurt	-14	35

37. Minute

VfL Bochum – Hansa Rostock **0:1**

Torschütze: Oliver Neuville

12	VfB Stuttgart	-7	39
13	SC Freiburg	-7	39
14	Hansa Rostock	-9	38
15	1. FC Nürnberg	-9	37
16	Eintr. Frankfurt	-14	35

47. Minute

Eintr. Frankfurt – 1. FC K'lautern **1:0**

Torschütze: Chen Yang

12	VfB Stuttgart	-7	39
13	SC Freiburg	-7	39
14	Hansa Rostock	-9	38
15	1. FC Nürnberg	-11	37
16	Eintr. Frankfurt	-13	37

68. Minute

Eintr. Frankfurt – 1.FC K'lautern **1:1**

Torschütze: Michael Schjönberg

12	VfB Stuttgart	-7	39
13	SC Freiburg	-7	39
14	Hansa Rostock	-9	38
15	1.FC Nürnberg	-11	37
16	Eintr. Frankfurt	-14	35

69. Minute

Eintr. Frankfurt – 1.FC K'lautern **2:1**

Torschütze: Thomas Sobotzik

12	VfB Stuttgart	-7	39
13	SC Freiburg	-7	39
14	Hansa Rostock	-9	38
15	1.FC Nürnberg	-11	37
16	Eintr. Frankfurt	-13	37

71. Minute

VfL Bochum – Hansa Rostock **1:1**

Torschütze: Stefan Kuntz

12	VfB Stuttgart	-7	39
13	SC Freiburg	-7	39
14	1.FC Nürnberg	-11	37
15	Eintr. Frankfurt	-13	37
16	Hansa Rostock	-10	36

74. Minute

VfL Bochum – Hansa Rostock **2:1**

Torschütze: Peter Peschel

12	VfB Stuttgart	-7	39
13	SC Freiburg	-7	39
14	1.FC Nürnberg	-11	37
15	Eintr. Frankfurt	-13	37
16	Hansa Rostock	-11	35

77. Minute

VfL Bochum – Hansa Rostock **2:2**

Torschütze: Victor Agali

12	VfB Stuttgart	-7	39
13	SC Freiburg	-7	39
14	1.FC Nürnberg	-11	37
15	Eintr. Frankfurt	-13	37
16	Hansa Rostock	-10	36

79. Minute

Eintr. Frankfurt – 1.FC K'lautern **3:1**

Torschütze: Marco Gebhardt

12	VfB Stuttgart	-7	39
13	SC Freiburg	-7	39
14	1.FC Nürnberg	-11	37
15	Eintr. Frankfurt	-12	37
16	Hansa Rostock	-10	36

81. Minute

Eintr. Frankfurt – 1.FC K'lautern **4:1**

Torschütze: Bernd Schneider

12	VfB Stuttgart	-7	39
13	SC Freiburg	-7	39
14	Eintr. Frankfurt	-11*	37
15	1.FC Nürnberg	-11*	37
16	Hansa Rostock	-9	36

SGE: 43:54 Tore **FCN:** 39:50 Tore

82. Minute

VfL Bochum – Hansa Rostock **2:3**

Torschütze: Slawomir Majak

12	VfB Stuttgart	-7	39
13	SC Freiburg	-7	39
14	Hansa Rostock	-9	38
15	Eintr. Frankfurt	-11	37
16	1.FC Nürnberg	-11	37

→

86. Minute

1. FC Nürnberg – SC Freiburg **1:2**

Torschütze: Marek Nikl

12	VfB Stuttgart	-7	39
13	SC Freiburg	-7	39
14	Hansa Rostock	-9	38
15	1. FC Nürnberg	-10	37
16	Eintr. Frankfurt	-11	37

87. Minute

Eintr. Frankfurt – 1. FC K'lautern **5:1**

Torschütze: Jan-Age Fjörtoft

12	VfB Stuttgart	-7	39
13	SC Freiburg	-7	39
14	Hansa Rostock	-9	38
15	Eintr. Frankfurt	-10	37
16	1. FC Nürnberg	-10	37

SGE: 44:54 Tore **FCN:** 40:50 Tore

Hauptsache Italien

Das berühmte Andreas-Möller-Wort »Mailand oder Madrid, Hauptsache Italien« stimmte einst wirklich. Ein gutes Jahrzehnt lang gehörte es sich für einen ordentlichen deutschen Nationalspieler, in Italien unter Vertrag gestanden zu haben. Die Serie A florierte vor und nach der WM 1990 im eigenen Land, galt als stärkste Liga der Welt und war (noch so eine Hauptsache) auch die, wo am besten bezahlt wurde.

Hansi Müller, VfB Stuttgart ▸ 1982 Inter Mailand ▸ 1984 AC Como
Karl-Heinz Rummenigge, FC Bayern ▸ 1984 Inter Mailand
Hans-Peter Briegel, 1. FC K'lautern ▸ 1984 Hellas Verona ▸ Sampdoria Genua
Rudi Völler, Werder Bremen ▸ 1987 AS Rom ▸ 1992 Olympique Marseille
Thomas Berthold, Eintr. Frankf. ▸ 1987 Verona ▸ 1989 AS Rom ▸ 1991 FC Bayern
Lothar Matthäus, FC Bayern ▸ 1988 Inter Mailand ▸ 1992 FC Bayern
Andreas Brehme, FC Bayern ▸ 1988 Inter Mailand ▸ 1992 Real Saragossa
Jürgen Klinsmann, VfB Stuttgart ▸ 1989 Inter Mailand ▸ 1992 AS Monaco
Thomas Häßler, 1. FC Köln ▸ 1990 Juv. Turin ▸ 1991 AS Rom ▸ 1994 Karlsruher SC
Karl-Heinz Riedle, Werder Bremen ▸ 1990 Lazio Rom ▸ 1993 Borussia Dortmund
Thomas Doll, Hamburger SV ▸ 1991 Lazio Rom ▸ 1993 Eintracht Frankfurt
Jürgen Kohler, FC Bayern ▸ 1991 Juventus Turin ▸ 1995 Borussia Dortmund
Stefan Reuter, FC Bayern ▸ 1991 Juventus Turin ▸ 1992 Borussia Dortmund
Matthias Sammer, VfB Stuttgart ▸ 1992 Inter Mailand ▸ 1993 Boruss. Dortmund
Andreas Möller, Eintr. Frankfurt ▸ 1992 Juventus Turin ▸ 1994 Boruss. Dortmund
Stefan Effenberg, FC Bayern ▸ 1992 AC Florenz ▸ 1994 Borussia M'gladbach
Christian Ziege, FC Bayern ▸ 1997 AC Mailand ▸ 1999 FC Middlesborough
Jens Lehmann, Schalke 04 ▸ 1998 AC Mailand ▸ 1999 Borussia Dortmund

1973 Paul Breitner besucht Ton Steine Scherben

Die Wohnung am Tempelhofer Ufer 32 in Kreuzberg genießt 1973 sowohl in der alternativen Szene als auch bei den Ordnungshütern der geteilten Stadt einen Ruf wie Donnerhall. In der geräumigen Altbauwohnung residieren die Politrocker der Band »Ton Steine Scherben«, die als musikalische Stimme der aufmüpfigen Jugend gelten. Eher unbekannt ist zu diesem Zeitpunkt das Faible der Band für Fußball. Bis auf Frontmann Rio Reiser, der mit dem Gekicke nichts anfangen kann, sind die Bandmitglieder allesamt begeisterte Spieler und Zugucker. Wenn Begegnungen im Fernsehen übertragen werden, steht das Essen pünktlich zum Anpfiff auf dem Tisch. »Rio nervte das natürlich«, erinnert sich Bandmitglied Jörg Schlotterer später. Vom direktesten Kontakt der Band mit der Welt des Profifußballs bekommt Reiser allerdings nichts mit. Er schläft gerade, als es an der Wohnungstür klingelt. Es sind weder Groupies noch Polizisten auf der Suche nach Drogen, sondern Bayern-Star Paul Breitner. Er ist gekommen, um sich für zwei Platten zu bedanken, die ihm die Band geschickt hat, nachdem er öffentlich mit dem chinesischen Staats- und Parteilenker Mao Tse-Tung sympathisiert hat. Nun will sich Breitner revanchieren, mit Freikarten für das Bayern-Spiel am Wochenende bei Hertha BSC. »Ja, Servus. Ihr habt mir hier diese Platten geschickt, gell? Und jetzt wollte ich mal wissen, was ihr für Leute seid.« Schlotterer perplex: »Ja, Paul, komm doch rein.« Man setzt sich auf den Teppich und trinkt Tee, der Musiker raucht einen Joint, der Fußballer einen Zigarillo. Man versteht sich. Schlotterer sagt rückblickend: »Breitner war ein kluger, junger Mann, keine Schablone, die Mao liest, sondern ein sympathischer Freak, so wie wir, mit seinen langen Haaren und wilden Koteletten – und ein phantastischer Fußballer.«

Die junge Freundschaft hält nicht lange. Schon ein paar Wochen später sind die Scherben mal wieder blank und bitten Breitner um 10.000 Mark. Der willigt ein, sieht sich dann aber schon bald weiteren Forderungen der Band ausgesetzt. Er möge doch als Prominenter seine Stimme politischen Aktionen leihen. »Wir waren ihm ein wenig unheimlich geworden«, resümiert Schlotterer. »Und so behielt er sein Geld, das er von uns wahrscheinlich eh nie wiedergesehen hätte.«

Ailton spricht

106 Tore in 219 Bundesligaspielen machen Ailton Gonçalves da Silva zu einem der effektivsten Stürmer der Bundesligageschichte. Auf dem Weg zum Doublegewinn von Werder Bremen 2004 wurde er mit 28 Treffern auch Torschützenkönig. Kein Wunder, dass er eine genaue Vorstellung von seinen Fähigkeiten hatte. In einer Kombination aus klarer Weltsicht und begrenzten Deutschkenntnissen brachte er sie über die Jahre auf den Punkt und schuf etwas, das nur wenigen anderen Spielern vergönnt ist: eine Sammlung klassischer Zitate.

»Ailton auswechseln – immer Fehler!«

»Ailton ist wie Medizin für Kranke!«

»Wenn ich treffe, ist alles super, wenn nicht, ist alles schlecht.«

»Ailton Tor – alles gut.«

»Ein Schuss. Ein Tor. Das ist Ailton!«

Anale Phase

»Gehe ich einen Weg, einen schweren, wie der VfB Stuttgart gehen muss – gehe ich den mit? Oder sage ich: Am Arsch geleckt!«

Bruno Labbadia wägt sorgfältig ab.

»Da lach ich mir den Arsch ab!«

Thomas Doll erfindet seinen Körper neu.

»Eigentlich bin ich ein Supertyp. Aber ich kann wohl auch ein richtiger Arsch sein!«

Mario Basler, einsichtig!

»Wir müssen jetzt endlich den Arsch hochkriegen und Eier zeigen.«

Bitte im Nachtprogramm, Martin Pieckenhagen.

»Du gibst alles und bist der Arsch in der Abwehr.«

Timm Klose, wehleidig.

»Man muss sehen, dass man keine Pickel am Arsch kriegt und was unterschieben.«

Joachim Hopp, altersweise.

Das Rätsel der ersten Gelben Karte

Eigentlich, so würde man denken, müsste die Sache doch ganz einfach sein. Zur Weltmeisterschaft 1970 hatte der Fußballweltverband FIFA die Gelben und Roten Karten eingeführt, nachdem Verwarnungen und Platzverweise zuvor nur mündlich erteilt worden waren, nun konnten die Zuschauer sofort sehen, was der Referee entschieden hatte. Da veränderte Regeln weltweit gelten, hätten die Karten mit Beginn der Saison 1970/71 eingeführt werden müssen. Aber war das wirklich so? Bestimmt, doch weder DFB, DFL noch Datenfirmen wie Opta und Impire oder die Statistikverwalter beim »Kicker« in Nürnberg haben vollständige und verlässliche Angaben zu Gelben Karten in den ersten drei Spielzeiten nach Regeländerung. Das liegt daran, dass Gelbe Karten in dieser Zeit keine Folgen hatten und deshalb nicht protokolliert wurden. Das änderte sich erst mit Einführung der Gelbsperre im Jahr 1974. Deshalb ist fraglich, ob Hannes Linßen vom MSV Duisburg wirklich der erste Spieler war, der in der Bundesliga eine Gelbe Karte gesehen hat, denn das war erst am 18. Spieltag 1970/71 gegen Rot-Weiß Oberhausen. Angeblich wurde Charly Mrosko vom FC Bayern München in der Hinrunde schon mal verwarnt, richtig belegt ist aber auch das nicht. Und so wird dieses Rätsel eines bleiben, bis sich der erste Gelbsünder selbst meldet. Aber vermutlich hat er es auch selbst vergessen.

Friedhof der Kuscheltiere

In 50 Jahren Bundesliga wurden Maskottchen reihenweise kaltblütig entsorgt. Ein kollektiver Nachruf.

»Schöppche«, Pony

Ein Pony als Maskottchen der Eintracht? Es lässt sich alles irgendwie erklären: Die ortsansässige Henninger-Brauerei hatte dem Klub im Winter 1970 ein Pony vermacht, mit dem allerdings niemand bei der Eintracht so recht etwas anzufangen wusste. Also bekam es vor den Spielen ein wenig Auslauf, wurde von den recht ratlos dreinblickenden Spielern getätschelt und dann für 90 Minuten hinter dem Tor angepflockt. Was den Anhang so sehr rührte, dass das Pony auf den Namen »Schöppche« getauft, mit einer Bierflasche gesäugt und zwischenzeitlich sogar zum offiziellen Maskottchen ernannt wurde. 1990 verstorben.

»Werdi«, Möwe

Wurde 1999 vor dem hundertjährigen Geburtstag des SV Werder als offizielles Maskottchen vorgestellt. Das traurig auf der Tartanbahn dahinstolpernde Federvieh wurde jedoch vom Werder-Anhang verlacht und umgehend wieder in die Katakomben verbannt. »Konnte ja nichts werden«, knurrte damals ein Aufsichtsrat, »ein Maskottchen, das dir auf den Kopf scheißt.« Schon der zweite Fehlgriff übrigens. In den achtziger Jahren hatte die Heidschnucke »Pico« ein tristes Dasein hinter dem Tor geführt.

»Bumsi«, Fußball

Es war nur gut gemeint. »Volkstümlicher als bisher will sich der Deutsche Meister Borussia Mönchengladbach in Form von diesen Auto-Aufklebern geben«, vermeldete die »Fußballwoche« und zeigte einen diabolisch grinsenden Fußball. Die Zeitschrift rief zugleich zu einem Namensfindungswettbewerb für den runden Unsympathen auf – der zuvor von Manager Helmut Grashof vorgeschlagene Name »Bumsi« hatte allgemeines Befremden ausgelöst. Es fand sich jedoch keine neue Bezeichnung, und der Grinseball verschwand rasch wieder in der Versenkung.

»Hummel«, Hummel

Vox populi, Vox Rindvieh! Dachte sich jedenfalls der Hamburger SV, als er 1993 die interessierte Öffentlichkeit darum bat, über ein neues Maskottchen abzustimmen. Weil die Anhänger jedoch die von der HSV-Geschäftsstelle favorisierte Hummel auf die hinteren Plätze verbannte, wurde die Wahl kurzerhand gefälscht. Manager Heribert Bruchhagen erfuhr erst spät davon und musste dann eingestehen: »Der Gewinner der öffentlichen Wahl stimmt nicht mit dem im HSV-Magazin veröffentlichten Maskottchen überein.« Dabei hatte die Künstlerin, die die Hummel als Zeichnung eingereicht hatte, ihren Entwurf selbst als »deformierte Biene Maja« beschrieben.

»Hanno«, Wolf

Hanno war in Hannover der zweite Versuch des Klubs. Bereits in den siebziger Jahren wurde »Cäsar«, ein lebendiger Ziegenbock, benannt nach Stürmer Klaus »Cäsar« Wunder, kurzzeitig als 96-Maskottchen geführt. Hanno hingegen war aus Plüsch, sah allerdings aus wie ein Muppet nach der Kernschmelze und sorgte beim 96-Nachwuchs für Angst und Schrecken. Also wurde er zügig entsorgt (und tauchte viele Jahre später als »Wölfi« beim Nachbarn VfL Wolfsburg wieder auf, aber das ist eine andere Geschichte).

Die Welt, gesehen von Lothar Matthäus

464 Bundesligapartien als Spieler, 0 Bundesligaspiele als Trainer. Woran es liegt, weiß Lothar Matthäus selbst. Manchmal spricht er einfach zu viel.

- **»Jeder, der mich kennt und der mich reden gehört hat, weiß genau, dass ich bald Englisch in sechs oder auch schon in vier Wochen so gut spreche und Interviews geben kann, die jeder Deutsche versteht.«**
- **»Jens Jeremies erinnert mich an den jungen Lothar Matthäus.«**
- **»Ein Lothar Matthäus lässt sich nicht von seinem Körper besiegen, ein Lothar Matthäus entscheidet selbst über sein Schicksal.«**
- **»Ich, was meine Person betrifft, entscheide für mich alleine.«**
- **»Wir sind eine gut intrigierte Truppe.«**
- **»Ich hab' keine Probleme, mit Werner Lorant mal ein Bier zu trinken – oder auch mal ein Kaugummi zu kauen.«**
- **»Auch ein Franz Beckenbauer kann einmal den Spielern in den sogenannten Hintern treten.«**
- **»Ein Lothar Matthäus spricht kein Französisch.«**
- **»Das ist das erste Interview, wo sie macht.«**
- **»Das Chancenplus war ausgeglichen.«**
- **»Wir dürfen jetzt nur nicht den Sand in den Kopf stecken.«**
- **»Manchmal spreche ich zu viel.«**

Anstoßzeiten in der ersten Bundesligasaison

Zerfledderte Spieltage mögen eine Erscheinung des Zeitalters sein, in dem das Fernsehen den Fußball möglichst flächendeckend übers Wochenende verteilen möchte. Doch in der ersten Saison war die Bundesliga von einheitlichen Spielansetzungen noch weit entfernt. Die Regelanstoßzeit Samstag 15.30 Uhr wurde vom DFB erst in der Saison 1967/68 festgelegt.

Montag

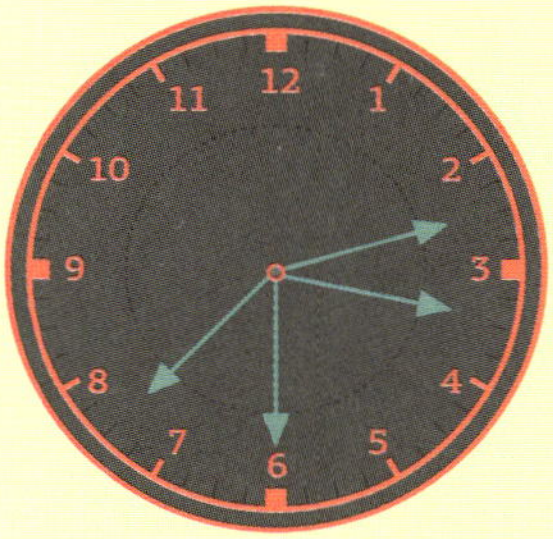

14.30 1 Spiel, **15.30** 1 Spiel
18.00 1 Spiel, **19.30** 1 Spiel

Dienstag

20.00 1 Spiel, **20.15** 1 Spiel

Mittwoch

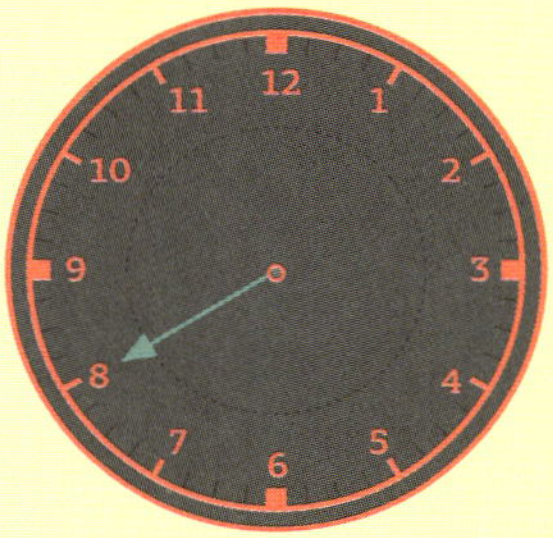

20.00 1 Spiel

Donnerstag

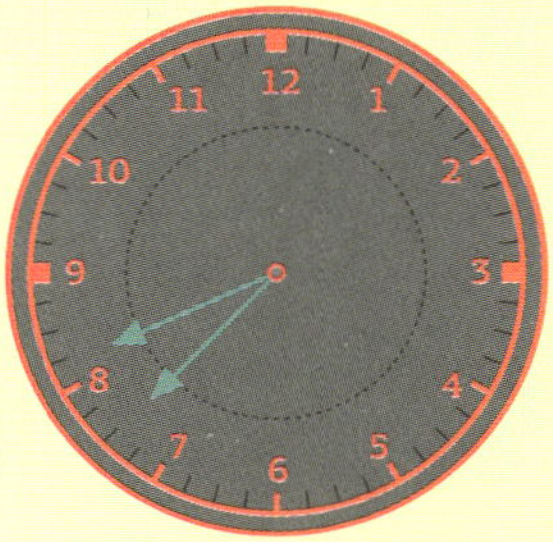

19.30 2 Spiele, **20.15** 1 Spiel

Freitag

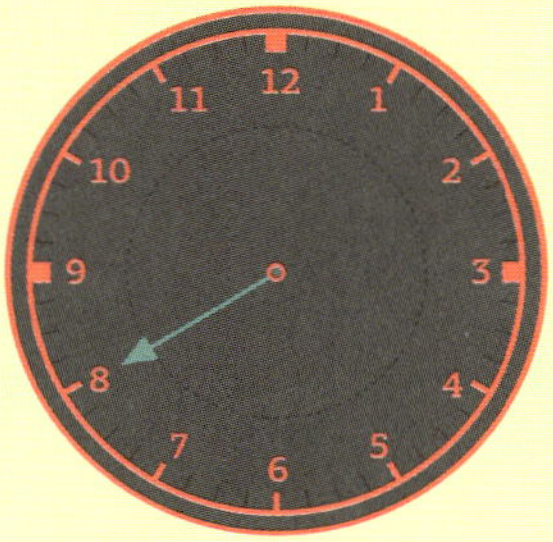

20.00 1 Spiel

Samstag

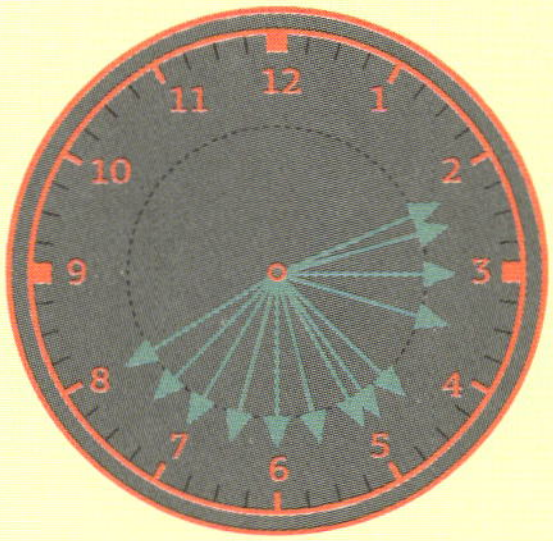

14.15 6 Spiele, **14.30** 35 Spiele
15.00 2 Spiele, **15.30** 54 Spiele
16.30 48 Spiele, **16.45** 1 Spiel
17.00 66 Spiele, **17.30** 1 Spiel
18.00 1 Spiel, **18.30** 2 Spiele
19.00 6 Spiele, **19.30** 1 Spiel
20.00 4 Spiele

Aua!

Am 10. September 2005 rauschte Tschawdar Jankow von Hannover 96 mit Eintracht Frankfurts Benjamin Köhler zusammen. Der Bulgare wurde im Unterleib getroffen, spielte weiter und merkte erst zur Pause, dass seine Hose voller Blut war. Der **vier Zentimeter lange Riss der Penishaut** wurde daraufhin mit Gewebekleber und Abdeckpflaster medizinisch versorgt. Jankow spielte weiter und traf sogar noch zum 2:0-Endstand.

Serientäter

Längste Serie mit mindestens einem Tor

Team	Spiele	Jahr
FC Bayern München	36	1973/74
FC Schalke 04*	33	1983/85
Borussia Dortmund	32	1995/96
1. FC Köln	31	1963/64
Hamburger SV	29	1981/82
Eintracht Frankfurt	29	1976/77
1. FC Kaiserslautern	29	1973/74

Längste Serie mit mindestens zwei Toren

Team	Spiele	Jahr
Borussia Dortmund	14	1995
Borussia M'gladbach	12	1987
Hamburger SV	12	1979
Borussia Dortmund	12	1965
Hamburger SV	11	1983
Borussia M'gladbach	11	1977
Eintracht Frankfurt	11	1977
Fortuna Düsseldorf	11	1972/73
TSV 1860 München	11	1965
FC Bayern München	10	2012

*saisonübergreifend (1983/1984: 2. Liga)

Längste Serie mit mindestens drei Toren

Team	Spiele	Jahr
FC Bayern München	8	2005
1. FC Köln	7	1964
FC Bayern München	6	2000
FC Bayern München	6	1981
VfB Stuttgart	6	1995
Hamburger SV	6	1980

Längste Serie mit mindestens vier Toren

Team	Spiele	Jahr
FC Bayern München	4	1981
FC Bayern München	4	1982
VfB Stuttgart	4	1997
Borussia M'gladbach	4	1971
Eintracht Frankfurt	4	1965

Längste Serie mit mindestens fünf Toren

Team	Spiele	Jahr
1. FC Kaiserslautern	3	1984
Hannover 96	3	1965

1976 Vom 4:0 zum 5:6

Dass man einen Vorsprung von vier Toren aus der Hand geben kann, hat sogar die deutsche Nationalmannschaft schon gezeigt. Dass man fünf Tore in einem Bundesligaspiel schießen und dennoch verlieren kann, haben auch Borussia Mönchengladbach 1969 in Bremen und der FC Bayern München 1975 in Düsseldorf erlebt. Doch die schaurige Kombination aus beiden Varianten des Schreckens hat der VfL Bochum seit dem 18. September 1976 exklusiv für sich. Zur Halbzeitpause des Spiels gegen einen FC Bayern mit Sepp Maier im Tor, Franz Beckenbauer und Katsche Schwarzenbeck in der Abwehr und Gerd Müller, Karlheinz Rummenigge sowie Uli Hoeneß im Angriff führten die Bochumer mit 3:0. Acht Minuten nach dem Seitenwechsel erhöhten sie auf der Baustelle Ruhrstadion, das damals aus nur zwei fertigen Tribünen bestand, durch Hans-Joachim Pochstein sogar auf 4:0 (Foto). Doch dann brachen alle Dämme. Allerdings nicht etwa bei den bislang düpierten Münchnern, sondern bei den Gastgebern, die nur 22 Minuten später mit 4:5 hinten lagen. Die Sache spitzte sich noch mehr zu, als Jupp Kaczor kurz darauf ausglich. Damit sah es schon so aus, als würde das Drama ein schiedlich-friedliches Ende finden. Doch in der letzten Minute erzielte Uli Hoeneß noch das 5:6 und sorgte dafür, dass das größte Spiel der Bochumer Bundesligageschichte mit einer Niederlage endete. Fassungslos verließen die Gastgeber den Platz.

Für ihren damaligen Trainer Heinz Höher, so erinnerte er sich ein Vierteljahrhundert später, vergingen die 90 Minuten wie in einem seltsamen Rausch: »An die Torfolge und das Solo von Uli Hoeneß in der letzten Minute zum Siegtreffer der Bayern kann ich mich noch erinnern, aber alle Details habe ich vergessen.« Um die Niederlage zu bewältigen, fand Höher einen im Fußball eher seltsamen Weg. »Nur dass am nächsten Morgen ein Freund unangemeldet kam, um Schach zu spielen, daran erinnere ich mich noch. Wir saßen schweigend da, und anschließend ging es mir etwas besser.«

Fußball 2000

1983 erarbeitete die Frankfurter Agentur »Ad-Inova« ein Konzept für die von hohen Schulden und mäßigem Zuschauerinteresse geplagte Bundesliga. Radikale Maßnahmen sollten die Spiele wieder spannend und die Stadien wieder voll machen, wie die beauftragende Illustrierte »Stern« frohlockte. Die Maßnahmen im Einzelnen:

1. **Weg mit dem Abseits!** »Es reicht aus, die Abstauber vom Dienst, die vor dem Tor auf Bälle lauern, ins Abseits zu stellen.«

2. **Einführung der effektiven Spielzeit:** »Nach zweimal 30 Minuten richtiger Spielzeit wird abgepfiffen.«

3. **Fliegender Wechsel aller Spieler:** »Wenn sich die Spieler zwischendurch auf der Bank ausruhen dürfen, wäre hohes Tempo bis zum Abpfiff möglich.«

4. **Zeitspiel als Regelverstoß:** »Bei offensichtlichem Desinteresse einer Mannschaft, ein Tor schießen zu wollen, gibt es einen Freistoß für den Gegner.«

5. **Reduzierung der Bundesliga:** »Zwölf statt der heute 18 Vereine machen aus fast jeder Paarung ein Spiel um die Meisterschaft oder gegen den Abstieg.«

6. **Abschaffung der Sommerpause:** »Schluss mit dem Fußballloch im Sommer und den Zitterspielen im Winter.«

7. **Dach für alle:** »Überdachte Stadien, in denen der Verein auch die treuen Anhänger in der Südkurve nicht im Regen stehen lässt.«

8. **Prominente werben für ihren Klub:** »Bremen-Fan Rudi Carrell strahlt, Daumen hochgereckt, von der Litfaßsäule: »Samstag sehen wir uns doch bei Werder.«

GROSSE KLUBS

FC Bayern München

Mitglieder:
185.000

Platzierung ewige Tabelle:	Bundesligameisterschaften:	Abstiege:	Internationale Titel:
1	**21**	**0**	**8**

- Stürmer Gerd Müller wurde 1964 von Trainer Cajkovski mit den aufmunternden Worten »Was soll isch mit dieses Junge, diese Figur, unmöglich!« begrüßt. Müller bestritt 427 Bundesligaspiele und schoss 365 Tore.
- Die Aufnahme in die neu gegründete Bundesliga wurde dem FC Bayern 1963 mit dem Hinweis verweigert, es erscheine »nicht ratsam, zwei Vereinen am gleichen Ort die Lizenz zu erteilen«.
- 1964/65 stieg der FC Bayern dann verspätet in die Bundesliga auf. In der folgenden Meistersaison des Lokalrivalen TSV 1860 wurden die Bayern Dritter und sind bis heute der beste Bundesliganeuling aller Zeiten.
- Das 0:6 gegen Kickers Offenbach am 1. Spieltag der Saison 1974/75 ist die höchste Startniederlage eines Titelverteidigers in der Bundesligageschichte.
- Am 12. November 1983 überholte der FC Bayern den 1. FC Köln in der ewigen Tabelle. Der FC hatte zuvor 21 Jahre lang den ersten Platz innegehabt. Inzwischen beträgt der Vorsprung auf den Zweiten Werder Bremen fast 600 Punkte.
- Die bis dahin höchste vergebene Rückennummer der Bundesligageschichte trug Bixente Lizarazu bei seiner Rückkehr zu den Bayern 2004: im Jahr 1969 geboren, 1,69 Meter groß, 69 Kilo schwer. Also Rückennummer 69. Mittlerweile wurde er von Andreas Görlitz abgelöst. Der trug beim KSC die 77 – als Leihgabe des FCB.
- München ist mit 518 Metern über NN der höchstgelegene Bundesligaspielort. Die Allianz Arena liegt damit 230 Meter höher als der Betzenberg.
- Die 2005 von 100.000 Anhängern gewählte Jahrhundertelf des FC Bayern: Maier – Augenthaler, Schwarzenbeck, Beckenbauer, Breitner – Effenberg, Matthäus, Scholl – Elber, Gerd Müller, Rummenigge.
- Das nennt man Heimstärke: Vom 27. November 1971 bis zum 26. Mai 1973 gewann der FC Bayern 26 Heimspiele in Folge.
- In drei Stadien spielte der FC Bayern in 50 Jahren Bundesliga: von 1965 bis 1972 im Grünwalder Stadion, von 1972 bis 2005 im Olympiastadion und von 2005 bis heute in der Allianz Arena in Fröttmaning
- Die höchste Niederlage in der Bundesligageschichte kassierten die Bayern daheim gegen den FC Schalke 04 am 9. Oktober 1976: Endstand: 0:7.

Das Maskottchen aller Maskottchen

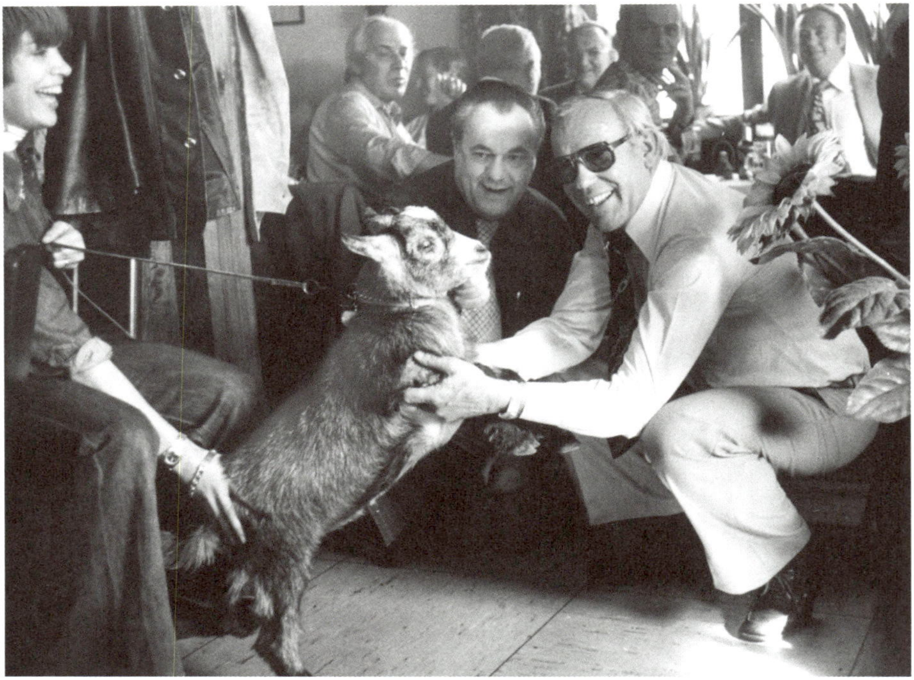

Der Geißbock Hennes ist zweifellos das einflussreichste Maskottchen aller Bundesligavereine. Ursprünglich das Geschenk einer Kölner Zirkusdirektorin, die der Ansicht war, dem jungen Klub fehle noch ein Glücksbringer, wurde der erste Geißbock nach dem damaligen Spielertrainer und späteren Meistercoach Hennes Weisweiler benannt. Zunächst war es vielen Vereinsmitgliedern peinlich, dass bei den Spielen ein Geißbock am Seitenrand stand. Doch bald war er so beliebt, dass ihn die Kölner sogar zu Auswärtsspielen mitnahmen, was aber ab Mitte der sechziger Jahre auf Intervention von Tierschützern beendet wurde. Damals war das Vieh schon längst ins Vereinsemblem aufgenommen worden. Gleich Hennes I. erwies sich übrigens als langlebigster aller bisherigen FC-Geißböcke.

1950–1966: **Hennes I.**
1966–1970: **Hennes II.**
1970–1975: **Hennes III.**
1975–1982: **Hennes IV.**
1982–1989: **Hennes V.**
1989–1996: **Hennes VI.**
1996–2008: **Hennes VII.**
seit 2008: **Hennes VIII.**

1971 | Lothar Kobluhn wartet fast vergeblich auf seine Kanone

Anfang der siebziger Jahre erschüttert der Bundesligaskandal den deutschen Fußball. Reihenweise verschobene Spiele und bestochene Spieler, das DFB-Sportgericht tagt in Permanenz. Die Abschlusstabelle der Saison 1970/71 ist von zweifelhaftem sportlichen Wert. Die Meisterschale wird dennoch an Borussia Mönchengladbach überreicht, die Mannschaft vom Niederrhein hat sich an den Schiebungen nicht beteiligt. Im Falle der Torjägerkanone ist die Sachlage ein wenig komplizierter, denn Rot-Weiß Oberhausen, die Mannschaft des treffsichersten Spielers Lothar Kobluhn, hat eifrig mitgemischt bei den Spielabsprachen. Also entscheidet Karl-Heinz Heimann, Chefredakteur des »Kicker«, dass die Ehrung in diesem Jahr ausfallen wird. Der Mittelfeldspieler, der 24 Treffer erzielt hat, ist schwer enttäuscht, auch weil Oberhausen am Ende relativ ungeschoren aus den Gerichtsverhandlungen herauskommt. Kobluhn: »Wir hatten jeden Tag 'ne Feier! Am einen Tag wurden uns vom DFB acht Punkte abgezogen, am nächsten Tag kriegten wir die acht Punkte zurück – Feier! Ein Spieler wurde für zwei Jahre gesperrt, dann wurde das Urteil zurückgenommen – wieder 'ne Feier! Es ist nie etwas so richtig ans Tageslicht gekommen.« Doch während die verurteilten Spieler nach und nach in Gnaden wieder aufgenommen werden, wird die Ehrung des Torschützenkönigs nicht nachgeholt. Erst 36 Jahre später kommt wieder Bewegung in die Sache. Kobluhn selbst schickt eine Fotomontage von sich und der Kanone nach Nürnberg zum »Kicker«, Freunde verwenden sich für ihn. Heimanns Nachfolger Rainer Holzschuh willigt ein, nun endlich die Kanone zu überreichen. Der Chefredakteur schreibt ihm: »Lieber Lothar, was lange währt, wird endlich gut.« Die frohe Kunde erreicht bald das Niederrhein-Stadion. »Die Jüngeren mit ihren Fahnen gehen an einem vorbei«, sagt Kobluhn. »Aber die Älteren sagen schon mal: »Meeensch, kriegste jetzt endlich deine Kanone?« Er bekommt sie 2008 überreicht, nicht im Stadion, wo der Ex-Stürmer im Auto eine Ehrenrunde fahren wollte, sondern im kleinen Kreis. Die Torjägerkanone steht nun bei Kobluhn daheim, neben einem anderen Preis für seine 24 Tore. »1971 hatte ich den ›Goldenen Töppen‹ verliehen bekommen, einen goldenen Schuh, den die ›Berliner Zeitung‹ seit Hanne Sobecks Zeiten verleiht. Das war ein kleiner Trost.«

Bundesligafußballer, die mit dem »Bravo-Otto« ausgezeichnet wurden

Mochten manche Kicker auch mehr Wert auf die Torjägerkanone legen, der schönste Preis für die Bundesligaprofis war und blieb der »Bravo-Otto«. Und Karl-Heinz Rummenigge wäre in den Achtzigern sicher mit dem Platin-Otto ausgezeichnet worden, hätte ihn der Tennisboom nicht chancenlos auf die Plätze verwiesen.

- **Günter Netzer** (1972, 1973)
- **Gerd Müller** (1972, 1973, 1974, 1975, 1976)
- **Erwin Kremers** (1973)
- **Franz Beckenbauer** (1974, 1975, 1976)
- **Sepp Maier** (1976, 1977, 1978)
- **Klaus Fischer** (1977)
- **Hansi Müller** (1977, 1978, 1979, 1980, 1981)
- **Kevin Keegan** (1978, 1979)
- **Karl-Heinz Rummenigge** (1980, 1981, 1982, 1983, 1984)
- **Pierre Littbarski** (1981, 1982)
- **Toni Schumacher** (1982, 1983, 1984)
- **Jean-Marie Pfaff** (1983)
- **Jürgen Klinsmann** (1990)
- **Lothar Matthäus** (1990)

Klubs der Goalgetter

So oft stellten diese Klubs den Bundesliga-Torschützenkönig.

15 Mal	FC Bayern München
5 Mal	1. FC Köln
4 Mal	Werder Bremen, Borussia Mönchengladbach
3 Mal	VfL Bochum, Borussia Dortmund, Eintracht Frankfurt, Hamburger SV, Bayer Leverkusen, 1860 München, Schalke 04, VfB Stuttgart
2 Mal	VfL Wolfsburg
1 Mal	Hertha BSC, Fortuna Düsseldorf, 1. FC Kaiserslautern, 1. FC Nürnberg, Rot-Weiß Oberhausen

2008 Hoffenheim stürmt zur Herbstmeisterschaft

Selbst weit jenseits der Bundesliga konnte man sich Ende 2008 dem Reiz der Geschichte vom Klub aus dem Dorf mit gut dreitausend Einwohnern nicht entziehen, der dank eines schwerreichen Unternehmers namens Dietmar Hopp, der als Jugendlicher selbst in diesem Verein gespielt hatte, in die erste Liga aufgestiegen war und nun mit begeisterndem Fußball die höchste Spielklasse in Deutschland anführte. Vedad Ibisevic, Demba Ba oder Carlos Eduardo lockten Reporter aus ganz Europa nach Hoffenheim, die über diesen Sensationsaufsteiger aus dem Nichts berichten wollten. Selbst die »New York Times« feierte das Fußballwunder.

Am 5. Dezember, einem Freitagabend und Auftakt zum vorletzten Spiel der Hinrunde, schien sogar die ganze Welt nach München zu schauen. Denn nun forderte die TSG Hoffenheim den Rekordmeister FC Bayern heraus. Es wurde ein spektakuläres Spiel, in dem die Gäste groß aufspielten und kurz nach der Pause durch Ibisevic mit 1:0 in Führung gingen. Die Gastgeber hielten in großem Stil dagegen und glichen durch Lahm nach einer Stunde aus. Als es nach einem Remis aussah, traf Luca Toni in letzter Minute noch zum 2:1-Sieg. Eines der besten Bundesligaspiele des neuen Jahrtausends war unglücklich zu Ungunsten des Aufsteigers entschieden.

»Diese Niederlage war bitter, sie war brutal, aber ich habe meinen Jungs gesagt: Ihr habt ein Riesenspiel gemacht in dieser Champions-League-Atmosphäre«, sagte Trainer Ralf Rangnick. Eine Woche später war sein Team der erste Liganeuling, der Herbstmeister der Bundesliga wurde. »Was die Mannschaft bislang erreicht hat, ist so überragend, dass am Ende dieser Saison, wenn wir Fünfter geworden sein sollten, niemand auf den Gedanken kommen darf: Das ist jetzt aber enttäuschend«, sagte Rangnick. Doch von der großartigen Halbserie sollte sich Hoffenheim nie mehr so richtig erholen. Am Ende der Saison 2008/09 wurde der Aufsteiger Siebter, im Jahr darauf Elfter, und eigentlich jagte der Klub seither jenem Rausch hinterher, den er im Sommer und Herbst des Jahres 2008 erlebt hatte.

Aus der Kurve, aus der Mode

Auch Fankurven reagieren auf den Zeitgeist. Was in den achtziger Jahren noch der letzte Schrei war, gilt heute als verwerfliche Modesünde.

Die Ballonmütze

Modesünde der neunziger Jahre. Es gab sie in allen Vereinsfarben, ihr Schnitt erinnerte an fahrende Gaukler auf Mittelaltermärkten. Nachteil: absolut regendurchlässig. Wurde durch die Baseball-Cap abgelöst.

Der Regenschirm

Gehörte in Herbst, Winter und Frühjahr selbstverständlich zur Ausstattung jedes Stadionbesuchers, wenn er nicht auf den knallgelben Ostfriesennerz zurückgriff oder sich als Zeichen übergroßer Leidensfähigkeit vollregnen ließ.

Die Gasdruckfanfare

Mit den Gaströten, eigentlich für die Seenotrettung entwickelt, veranstalteten Anhänger einen Höllenlärm. Gerne wurde das Schallrohr auch scherzhaft ans Ohr des Kumpels gehalten. Dann entdeckte die Wissenschaft die ozonzerstörende Wirkung des FCKW. Die Tröten wurden geächtet.

Die Kordel

Die Jeansweste mit Aufnähern hat in der Bundesliga nur in wenigen Reservaten überlebt. Ausgemustert wurde hingegen die Kordel. Sie wurde einst als Zierborte an die Kuttenränder genäht oder ums Handgelenk geschlungen. Geriet durch die Jacquard-Schals aus der Mode.

Der Allah

Als Fans noch das Spielfeld betreten durften, ohne dass in der Otto-Fleck-Schneise das Sportgericht tagte, gehörte der »Allah« zur Fanfolklore. Anhänger breiteten ihre Fahnen am Mittelpunkt aus, warfen sich auf die Knie und beteten sie an – unter lautstarker Anteilnahme der Gemeinde in der Kurve.

Ausländische Meistertrainer

Bei einem Fünftel aller Deutschen Meister saßen ausländische Trainer auf der Bank, auch wenn deren zehn Titel nur von sechs unterschiedlichen Coaches gewonnen wurden.

1965/66	**Max Merkel**	Österreich	TSV 1860 München
1967/68	**Max Merkel**	Österreich	1. FC Nürnberg
1968/69	**Branko Zebec**	Jugoslawien	FC Bayern München
1978/79	**Branko Zebec**	Jugoslawien	Hamburger SV
1979/80	**Pál Csernai**	Ungarn	FC Bayern München
1980/81	**Pál Csernai**	Ungarn	FC Bayern München
1981/82	**Ernst Happel**	Österreich	Hamburger SV
1982/83	**Ernst Happel**	Österreich	Hamburger SV
1996/97	**Giovanni Trapattoni**	Italien	FC Bayern München
2009/10	**Louis van Gaal**	Niederlande	FC Bayern München

Die größten Abstürze

Nicht immer läuft die Rückrunde so gut wie die Hinserie, doch in diesen Fällen wurde sie zum Desaster.

		Hinrunde	Rückrunde	Differenz
1991/92	**MSV Duisburg**	7	19*	-12
1966/67	**Hamburger SV**	2	14	-12
2010/11	**Eintracht Frankfurt**	7	17*	-10
1970/71	**Rot-Weiss Essen**	8	18*	-10
1967/68	**TSV München 1860**	3	12	-9
1986/87	**VfB Stuttgart**	4	12	-8
1983/84	**Fortuna Düsseldorf**	6	14	-8
1995/96	**Bayer Leverkusen**	6	14	-8
1978/79	**FC Schalke 04**	7	15	-8
2008/09	**TSG Hoffenheim**	1	7	-7
1995/96	**VfB Stuttgart**	3	10	-7
2011/12	**1. FC Köln**	10	17	-7

*Absteiger

Als die Spieler noch Berufe hatten

Im Zeitalter der Nachwuchsleistungszentren steigt zwar die Zahl der Abiturienten in der Bundesliga ständig an, aber Bundesligaspieler mit einer Berufsausbildung werden immer seltener.

Günter Pröpper Weber
Bernard Dietz Schmied
Ditmar Jakobs Dreher
Wolfgang Dremmler Betriebsschlosser
Jupp Heynckes Stuckateur
Gerd Müller Weber
Erich Beer Kfz-Schlosser
Lothar Matthäus Raumausstatter
Wolfgang Overath Kaufmannsgehilfe
Klaus Fischer Glasbläser
Kurt Pinkall Postbote
Klaus Fichtel Bergmann
Dr. Peter Kunter Zahnarzt
Günter Netzer Versicherungskaufmann
Hermann Ohlicher Diplomingenieur
Horst Hrubesch Dachdecker
Sepp Maier Maschinenschlosser
Mike Frantz Maler und Lackierer
Miroslav Klose Zimmermann
Horst Heldt Kfz-Mechaniker
Joachim Hopp Stahlkocher
Frank Mill Florist
Rudi Völler Bürokaufmann
Jürgen Klinsmann Bäcker
Stefan Effenberg Dienstleistungsfachkraft bei der Bundespost
Otto Rehhagel Anstreicher
Albert Brülls Tuchweber
Dariusz Wosz Koch
Klaus Thomforde Finanzbeamter
Klaus Toppmöller Ingenieur für Versorgungstechnik
Fabian Boll Polizeikommissar

Drei-Punkte-Regel

In der Saison 1995/96 wurde auch in der Bundesliga die Drei-Punkte-Regel eingeführt, nach der ein Sieg nicht mehr nur mit zwei, sondern drei Punkten belohnt wurde. Dadurch sollte offensives Spiel belohnt werden. So richtig ging das Vorhaben nicht auf, wenn man nur auf die Zahl mehr erzielter Treffer schaut. Aber die beiden Wissenschaftler Alexander Dilger und Hannah Geyer vom Institut für Ökonomische Bildung & Centrum für Management der Uni Münster wiesen 2007 beim Vergleich aller Bundesligaspiele dennoch einen positiven Effekt nach: Der Anteil der Unentschieden ging von 29,23 auf 25,75 Prozent zurück und jener torloser Spiele von 8,17 auf 6,93 Prozent.

Bundesligaspielzeiten pro Bundesland

= Anzahl Klubs

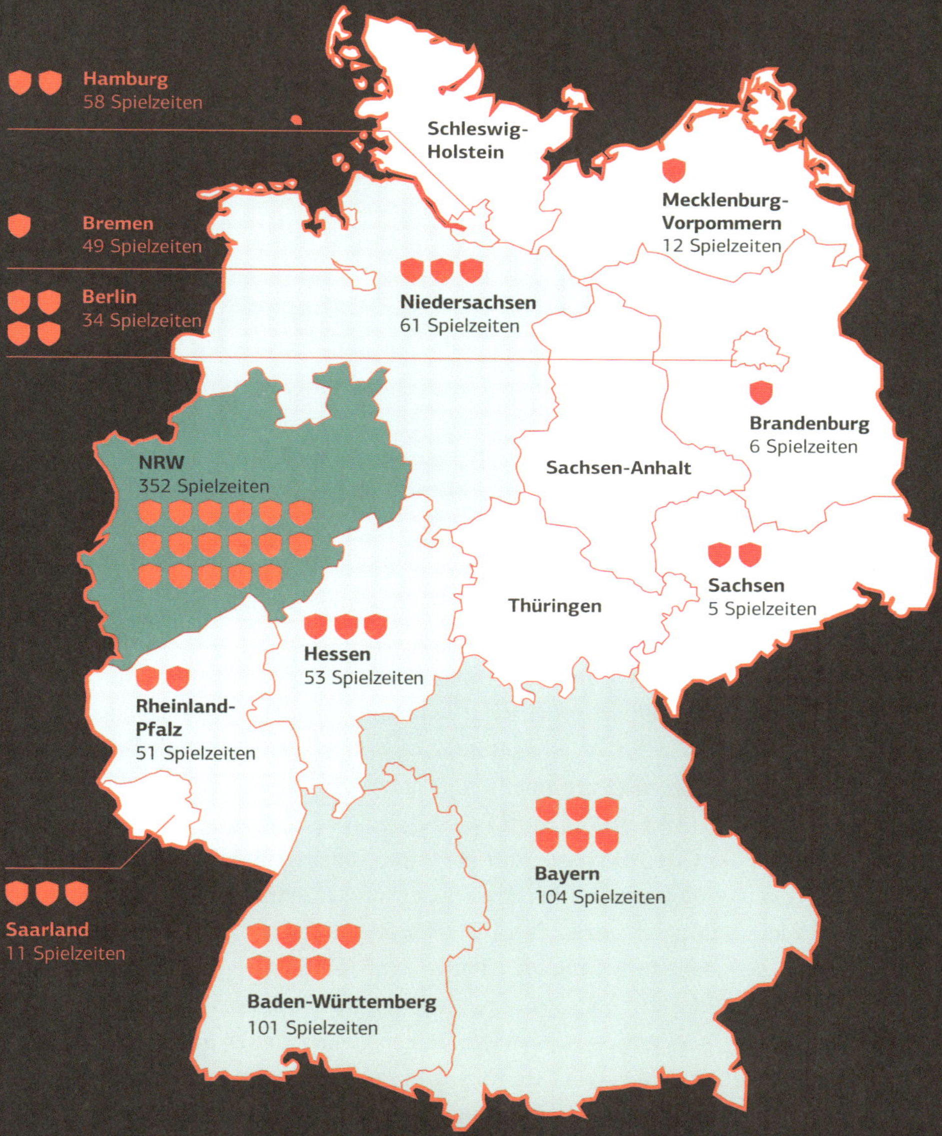

SCHRÄGE VÖGEL

Ansgar Brinkmann

Vieles ist längst Legende: der Spruch auf dem Anrufbeantworter, dem zufolge er bis fünf Uhr am Morgen in seiner Stammkneipe zu erreichen sei. Die Flucht vor der Polizei, als die ihn zwecks Alkoholkontrolle mit seinem Porsche anhält, inklusive ratlos zurückbleibender Zufallsbekanntschaft auf dem Beifahrersitz. Der Spontankauf eines Hauses in Florida für 400.000 Mark, überwiesen an einen Trickbetrüger. Die Reise mit der Bundeswehr-Nationalmannschaft in den Ostblock, an deren Ende Brinkmann in einer Kneipe auf ein Schlagzeug eindrischt und alkoholisiert grölt: »Wo ist der Deinhard?« Und der Lauf über parkende Autos im Zuge einer Gütersloher Partynacht.

Es gibt unzählige solcher Geschichten, seine Mannschaftskollegen haben sie staunend erzählt, und schließlich hat Brinkmann sie auch selbst aufgeschrieben. Doch so sehr sich in ihnen das Bild eines leichtlebigen Feierprofis verfestigt, so wenig passen die abendlichen Exzesse und finanziellen Dummheiten zum Ansgar Brinkmann, den am Wochenende die Menschen in den Stadien sehen. Da ist er ein trickreicher, intelligenter, zugleich fleißiger und disziplinierter Mittelfeldmann, dessen überraschende Einfälle und temporeichen Dribblings oft den Unterschied machen. Sein Spitzname »Der weiße Brasilianer« ist keine Hochstapelei, denn in seinen besten Momenten ist er der kreativste Spielmacher der Bundesliga.

Die Leere, die sich im Leben eines Bundesligaprofis zwangsläufig auftut, füllt er jedoch fast zwanghaft mit Partynächten. Nicht immer enden sie mit dem Augenzwinkern, mit dem etwa Brinkmanns bald legendäre Flucht aus dem Porsche über die Wiese, von der Öffentlichkeit quittiert wird. In seiner Bielefelder Zeit gerät er regelmäßig mit Angestellten von Diskotheken und Nachtklubs aneinander, beim örtlichen McDonald's geht es in den Infight mit einem stadtbekannten Ex-Hooligan, es fällt der legendäre Satz: »Ich bin Ansgar Brinkmann, habe 2,3 Millionen auf dem Konto. Und wer bist du?« Solche Eskapaden verhindern seinen großen Durchbruch, am Ende steht eine Karriere, in der mehr möglich gewesen wäre. Andererseits bereut er nichts, wie Dirk Konerding, ein Freund aus Bielefelder Zeiten, berichtet. Der wurde vor Jahren von Brinkmann zu nachtschlafender Zeit angerufen und bekam mitgeteilt: »Weißt du was? Wenn ich du wäre, wäre ich lieber ich!«

Lustige Mannschaften: Hannover 1975

Trainer Helmut Kronsbein und seine Spieler von Hannover 96 sind just vom Türsteherseminar aus Barsinghausen zurückgekehrt und präsentieren die dort frisch einstudierte Variante »Der Amboss«.

Tor in Dortmund! Tor in Köln!

Unter den samstäglichen Hörfunksendungen zur Bundesliga ist die Variante des Westdeutschen Rundfunks die mit Abstand populärste. Lange Jahre unter dem Titel »Sport und Musik«, inzwischen als »Liga live« im Sendeplan, prägte sie vor allem mit der legendären Schlusskonferenz, die auch vom WDR organisiert wird, den Samstagnachmittag in Nordrhein-Westfalen und darüber hinaus. Bemerkenswert ist, dass es in 50 Jahren Ligageschichte nur drei Moderatoren gab. Untrennbar verbunden ist die Sendung insbesondere mit Kurt Brumme, der die Schlusskonferenz bereits 1953 erfunden hatte.

1963 – 1988	1988 – 1995	2003 – heute
Kurt Brumme	**Dietmar Schott**	**Sven Pistor**

Die fünfte Dekade: 2003/04 – 2011/12

Meiste Titel: FC Bayern München (5)

Zahl der unterschiedlichen Titelträger: 5

Mannschaft des Jahrzehnts:

Manuel Neuer

Lukasz Piszczek – Lucio – Per Mertesacker – Philipp Lahm

Michael Ballack

Bastian Schweinsteiger – Diego

Miro Klose – Mario Gomez – Franck Ribéry

Aufsteiger des Jahrzehnts: Mainz 05

Die vermeintliche Beleidigung, nur ein Karnevalsverein zu sein, hatten die Mainzer längst zu ihrem Motto gemacht, als sie 2004 nach mehreren tragisch gescheiterten Versuchen in die Bundesliga aufstiegen. Trotz eines zwischenzeitlichen Abstiegs sind sie dort etabliert, was eine der großen Leistungen der Ligageschichte ist.

Tragischer Fall: Alemannia Aachen

Für ein Jahr, das viel Appetit auf mehr machte, kehrte der Klub in der Saison 2006/07 in die Bundesliga zurück. Doch die hochfliegenden Träume und ein viel zu teurer Stadionbau erwiesen sich als folgenschwere Fehleinschätzungen, am Ende kämpfte Alemannia in der Dritten Liga ums Überleben.

Aufreger: 50+1-Regel

Sie besagte, dass niemand anders als der Mutterverein die Mehrheit an einem Profiklub übernehmen darf. Es gab Ausnahmen (Leverkusen, Wolfsburg), Umfahrungen (Hoffenheim) und Vorstöße dagegen, aber letztlich blieb sie bestehen. So geriet die Bundesliga nicht in die Hände von Oligarchen und Spekulanten.

Große Worte: Die Bundesliga über Kommunikation

»Heute herrscht schweigende Stille.«

Rudi Assauer, nichtssagend.

»Ein Wort gab das andere – wir hatten uns nichts zu sagen.«

Lothar Matthäus, schweigend ins Gespräch vertieft.

»Was soll ich mit den Spielern reden, ich bin doch kein Pfarrer.«

Seelsorge mit Werner Lorant.

»Sie können ruhig etwas lauter nicken.«

Udo Lattek, fordernd.

»Ich hab zu Michael Preetz ›Halts Maul‹ gesagt. Der Schiedsrichter-Assistent hat es aber auf sich bezogen und verstanden: ›Halt die Fresse, du Penner!‹«

Timo Wenzel, missverstanden.

»Wenn er sich bei Interna nicht zurückhalten kann, gibt es nur einen Verlierer. Wenn er weiter attackiert, werde ich auspacken, und das ist so wie bei Star Wars, wenn das Imperium zurückschlägt.«

Jan Aage Fjörtoft, bildmächtig.

»Knien Sie nieder, Sie Bratwurst!«

Ernst Middendorp auf Augenhöhe mit den Reportern.

»Man sollte die Presse nicht wichtiger machen, wie sie wichtig gemacht wird.«

Wichtiger Hinweis, Lothar Matthäus

»Quatsch nicht so viel, trainier lieber.«

Cottbus-Präsident Dieter Krein barsch zu Stürmer Sebastian Helbig.

»Ich kann nicht sagen, dass ich es nicht gesagt habe, weil ich es gesagt habe.«

Mehmet Scholl in der doppelten Verneinung.

»Das Schlechteste am heutigen Spiel ist, dass ich nichts zu meckern habe.«

Felix Magath, sauer.

»Andere erziehen ihre Kinder zweisprachig, ich beidfüßig.«

Christoph Daum setzt Prioritäten.

»Er hat angezeigt, dass er in einer Minute ausgewechselt werden will.«

Christoph Daum interpretiert Ulf Kirstens Stinkefinger.

»Und wenn dein Reden auch stockfalsch und blödsinnig ist – Hauptsache, du tust wieder den Mund auf.«

»Immer wieder sagen: Es geht doch!«, sagt Lothar Matthäus.

Der seltsame Fall des …

… Rüdiger Mielke Wer weiß, wie es mit ihm noch weitergegangen wäre. Vielleicht wäre aus dem Stürmer des Meidericher SV ein noch größerer Torjäger geworden als aus Gerd Müller. Denn selbst der erreichte keine Quote von durchschnittlich einem Tor pro Spiel wie Mielke, der in 15 Bundesligapartien 15 Tore schoss. Im ersten Jahr der Bundesliga hatte er debütiert und traf einmal in zwei Spielen, im nächsten waren es 14 Treffer in 13 Spielen, dann verletzte er sich so schwer am Knie, dass er seine Karriere mit 21 Jahren beenden musste.

… Peter Endrulat Eigentlich war der Torhüter von Borussia Dortmund stolz darauf, dass er fünf Spiele lang geholfen hatte, die Klasse zu halten, doch sein sechstes wurde zum Debakel. Das 0:12 bei Borussia Mönchengladbach ist die höchste Niederlage der Bundesligageschichte. »Ich hätte zur Halbzeit rausgehen müssen«, sagte Endrulat später. Da stand es nur 6:0. Er aber blieb, kassierte weitere sechs Tore, und sein Vertrag wurde zum Saisonende nicht verlängert.

… Wolfgang Böhni Nach nur einem Bundesligaspiel für den Karlsruher SC, drei Tage vor Weihnachten 1966 beim MSV Duisburg, wechselte Böhni in die damals zweitklassige Regionalliga Süd zu Schwaben Augsburg, weiter nach Reutlingen, Bayreuth und 1974 schließlich zum SV Waldhof Mannheim, wo er in den nächsten zehn Jahren spielte. In seiner vorletzten Saison als Profi, mit inzwischen 36 Jahren, gelang ihm unter Klaus Schlappner die Rückkehr in die Bundesliga. Am 23. August 1983, 16 Jahre und 245 Tage nach seinem Debüt, stand er beim 0:0 gegen den VfB Stuttgart wieder auf dem Platz. Nie zuvor und nie danach war die Zeitspanne zwischen dem ersten und dem zweiten Bundesligaspiel länger.

… Dirk Drescher Als der VfL Bochum am 10. August 1985 beim 1. FC Nürnberg antrat, musste der zweite Torwart Marcus Croonen den Stammkeeper Ralf Zumdick vertreten – und sah bereits nach 25 Minuten die Rote Karte. Für ihn kam der erst 17 Jahre alte Ersatzkeeper der A-Jugend, denn der dritte Torwart der Profis war damals noch nicht spielberechtigt. Seine Mitspieler hatte Drescher bei der Fahrt nach Franken erstmals gesehen. Er rettete den 1:0-Vorsprung trotz größter Nervosität über die Runden, wurde abends ins »Aktuelle Sportstudio« eingeladen und dann nie mehr in der Bundesliga gesichtet.

Der FC Bayern und die großen Turniere

Vor einigen Jahren kam die Idee auf, dass der FC Bayern in Spielzeiten nach großen Turnieren immer besonders leiden muss, weil der Rekordmeister traditionell besonders viele Nationalspieler abstellt, die sich von der großen Belastung erst wieder erholen müssen. Aber wie stark hat sich das in den letzten Jahrzehnten wirklich ausgewirkt? Um das zu klären, haben wir alle Turnierjahre und die nachfolgende Spielzeit seit 1974 angeschaut. Vorher spielte die Europameisterschaft als Turnier keine große Rolle. Auch die Europameisterschaft 1976 war nur bedingt eine zusätzliche Belastung, weil sich die Endrunde damals noch auf zwei Spiele beschränkte. Sie kann also nur sehr eingeschränkt eine Erklärung für Bayerns enttäuschenden siebten Platz im Jahr danach sein.

In EM-Jahren erreichte der FC Bayern durchschnittlich den 2,8. Platz
(3 Mal Erster, 4 Mal Zweiter, 1 Mal Dritter, 1 Mal Vierter, 1 Mal Zehnter)
In den Spielzeiten nach Europameisterschaften wurde die Mannschaft durchschnittlich 1,9. (6 Mal Erster, 2 Mal Zweiter, 1 Mal Siebter)
In WM-Jahren erreichte der FC Bayern durchschnittlich den 2,6. Platz
(6 Mal Erster, 2 Mal Zweiter, 2 Mal Dritter, 1 Mal Zwölfter)
In den Spielzeiten nach Weltmeisterschaften wurde die Mannschaft durchschnittlich 3,6. (3 Mal Erster, 1 Mal Zweiter, 1 Mal Dritter, 4 Mal Vierter, 1 Mal Sechster, 1 Mal Zehnter)

Macht man keinen Unterschied zwischen Welt- und Europameisterschaften, ergibt sich: In Turnierjahren erreichte der FC Bayern durchschnittlich den 2,7. Platz. In den Spielzeiten nach Turnieren wurde die Mannschaft durchschnittlich 2,79.

Die sechs ersten Trikotsponsoren

Jägermeister	**Eintracht Braunschweig**	ab 24. März 1973
Remington	**Eintracht Frankfurt**	ab Saison 1973/74
Adidas	**FC Bayern München**	ab Saison 1974/75
Allkauf	**Fortuna Düsseldorf**	ab Saison 1974/75
Brian Scott	**MSV Duisburg**	ab Saison 1974/75
Campari	**Hamburger SV**	ab Saison 1974/75

Heraldik

Eine knappe Mehrheit der bis heute 52 Bundesligisten beschränkt sich in ihren Vereinswappen allein auf Schriften in allen Formen, viele andere greifen auf klassische Insignien der Heraldik zurück – oder auch ganz ungewöhnliche.

Adler	Eintracht Frankfurt, SC Freiburg, Preußen Münster TeBe Berlin
Burg	FC St. Pauli
Fahne	Blau-Weiß 90 Berlin, Hertha BSC, Tasmania Berlin, Arminia Bielefeld, Kickers Offenbach
Geißbock	1. FC Köln
Kleeblatt	SpVgg Greuther Fürth, Rot-Weiß Oberhausen
Lilie	Darmstadt 98
Löwe	Eintracht Braunschweig, Bayer Leverkusen, 1860 München, 1. FC Saarbrücken, Wuppertaler SV
Linde	FC Homburg
Schiff	Hansa Rostock
Viererbob & Fußball	SpVgg Unterhaching
Zebra	MSV Duisburg
Zirbelnuss	FC Augsburg

Nie was zu holen

Meiste Spiele gegen ein Team ohne einen Sieg:

Mannschaft	Gegner	Spiele
1899 Hoffenheim	Bayern München	9
RW Oberhausen	Bayern München	8
RW Essen	Borussia Dortmund	8
SG Wattenscheid 09	Borussia Dortmund	8
RW Oberhausen	Borussia Mönchengladbach	8
1899 Hoffenheim	Bayer 04 Leverkusen	8
1. FC Saarbrücken	VfB Stuttgart	8

Städte über 200.000 Einwohner, in denen es nie einen Bundesligisten gab

Bonn	325.000
Wiesbaden	278.000
Chemnitz	243.000*
Kiel	240.000
Halle	232.000*
Magdeburg	231.000*
Lübeck	210.000
Erfurt	204.000*

*allerdings DDR-Erstligisten

Ferne Freunde

- **Schalke 04 USA Fan Club,** Monroe, Connecticut, USA ▸ **Schalke 04**
- **Borussia-Fans-Nigeria,** Port-Harcourt, Nigeria ▸ **Borussia M'gladbach**
- **Commando Dubai,** Dubai, Vereinigte Arabische Emirate ▸ **VfB Stuttgart**
- **FCB Faga,** Libreville, Gabun ▸ **FC Bayern München**
- **S-W-B Karos Hongkong,** Hongkong, China ▸ **Hamburger SV**
- **Bombay Werder Wallahs,** Mumbai, Indien ▸ **SV Werder Bremen**
- **EFC Hakata Washi Nippon,** Fukuoka, Japan ▸ **Eintracht Frankfurt**
- **Cabritos de Costa Rica,** San José, Costa Rica ▸ **1. FC Köln**
- **1. Isaan-SCF Fanclub,** Ban Kruat, Thailand ▸ **SC Freiburg**

1971 Günter Netzer eröffnet den Nachtklub »Lovers Lane«

»Jetzt ist er verrückt geworden«, ist sich Hennes Weisweiler sicher. »Das ist das Ende!« Was den Trainer von Borussia Mönchengladbach am Geisteszustand seines Schützlings Günter Netzer zweifeln lässt, ist eine Neueröffnung. Am 15. April 1971 hat Netzer den Nachtklub »Lovers Lane« in der Gladbacher Innenstadt aufgemacht. Was Weisweiler vermuten lässt, dass sein Mittelfeldspieler künftig selbst bis in die frühen Morgenstunden Bier hinter der Theke zapft und völlig übermüdet zum Training erscheint. Doch den interessiert vor allem das Geld, das der neue Laden abwirft. Denn die Borussia zahlt im Ligavergleich ein eher bescheidenes Salär. Deshalb hat sich Netzer in seinem Vertrag zusichern lassen, die Stadionzeitung »Fohlen-Echo« herausgeben zu dürfen. Und weil auch das kein übermäßig lukratives Geschäft ist, bleibt der Nebenjob als Barbesitzer für Netzer »eine finanzielle Notwendigkeit«. Das Kalkül geht auf: Die Aussicht, beim abendlichen Kneipenbummel sein Bier bei Netzer bestellen zu können, macht den Klub von Beginn an zum Erfolg. In den Räumen eines früheren Friseurladens und nach Plänen der Netzer-Freundin und gelernten Goldschmiedin Hannelore Girrulat der existentialistischen Zeitströmung gemäß ganz in Schwarz eingerichtet, ist der Klub im beschaulichen Mönchengladbach eine Sensation. Am Eröffnungsabend drängeln sich Bundesligaprofis wie Wolfgang Overath und Berti Vogts an der Theke, später schauen auch Showstars wie Elke Sommer und Udo Jürgens vorbei. Selbst der gestrenge Alt-Bundestrainer Sepp Herberger wird gesichtet, nur Weisweiler bleibt der Laden suspekt. Dabei hat Netzer für den Barbetrieb ausreichend Personal eingestellt, hinter der Theke steht er selten. Seine Angestellten wissen jedoch um Netzers PR-Wirksamkeit und parken seinen Ferrari vor der Tür, wann immer sich die Gelegenheit ergibt. Ganz so, als sei der Kicker gerade eben hereinspaziert. Die Erfolgsgeschichte der Diskothek geht erst zu Ende, als Netzer Mönchengladbach in Richtung Madrid verlässt. Ohne ihn ist die Bar plötzlich nur noch halb so spannend. Netzer gibt sowohl das »Lovers Lane« als auch das später eröffnete Restaurant »La Laque« ab. Seine Karriere als Gastronom ist beendet.

Bärenmarkt Borussia

61.425.000 Inhaberstammaktien ohne Nennbetrag hat Bundesligist Borussia Dortmund seit Oktober 2000 an die Börse gebracht. Für Fans, die gleich bei der Erstemission zugriffen, wurde es kein allzu gutes Geschäft. Gleich am ersten Tag rutschte die Aktie unter den Ausgabepreis von elf Euro und kehrte nie wieder dahin zurück. Wohl auch deshalb irrte ein Händler an der Börse in Frankfurt, der verkündete: »Die deutschen Spitzenklubs können nicht umhin, in den nächsten Jahren an die Börse zu gehen.«

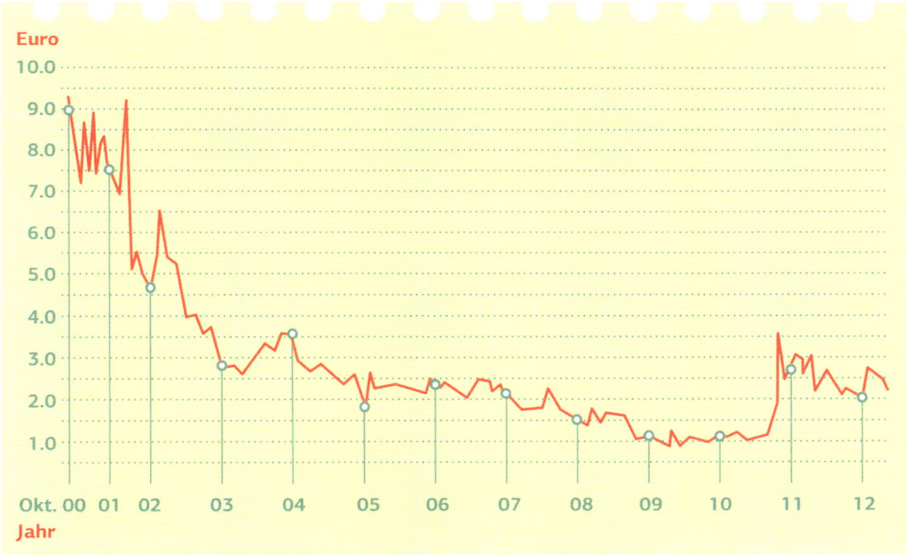

Bundesligisten ohne Europapokalspiel

Arminia Bielefeld
Waldhof Mannheim
FC St. Pauli
Energie Cottbus
TSG Hoffenheim
Wattenscheid 09
Rot-Weiß Oberhausen

Borussia Neunkirchen
FC 08 Homburg
SpVgg Unterhaching
Stuttgarter Kickers
SV Darmstadt 98
Tennis Borussia Berlin
FC Augsburg

SSV Ulm 1846
SC Fortuna Köln
SC Preußen Münster
Blau-Weiß 90 Berlin
VfB Leipzig
SpVgg Greuther Fürth

Wo ist die Trainerbank?

Wo die Trainerbänke der Heimmannschaften in der Saison 2012/13 stehen – von der Haupttribüne aus gesehen.

Trainerbank:	Trainerbank:	
Dortmund	München	Nürnberg
Hoffenheim	Schalke	Fürth
Gladbach	Bremen	Wolfsburg
Mainz	Hamburg	Hannover
Augsburg	Freiburg	
Stuttgart	Leverkusen	
Frankfurt	Düsseldorf	

Familienbande

Zweimal durften Brüder in einer Mannschaft gemeinsam die Meisterschaft feiern. Das waren 1984 zunächst **Bernd Förster** und sein zwei Jahre jüngerer Bruder **Karlheinz** beim VfB Stuttgart. 2003 holten **Niko und Robert Kovac** gemeinsam mit dem FC Bayern den Titel. Im selben Klub gewannen **Karl-Heinz und Michael Rummenigge** sogar fünf Meisterschaften (der jüngere Michael übrigens drei), aber nie gemeinsam. Genauso war es bei **Uli und Dieter Hoeneß,** die sogar auf acht Meisterschaften kamen. Bei den fünf Titelgewinnen von Dieter Hoeneß war der ein Jahr ältere Uli als Manager des FC Bayern sein Vorgesetzter.

Die zehn kleinsten Bundesligaorte

Unterhaching	22.000 Einwohner	**Cottbus**	103.000 Einwohner
Sinsheim*	36.000 Einwohner	**Fürth**	115.000 Einwohner
Homburg	43.000 Einwohner	**Offenbach**	120.000 Einwohner
Neunkirchen	47.000 Einwohner	**Ulm**	123.000 Einwohner
Kaiserslautern	99.000 Einwohner	**Darmstadt**	144.000 Einwohner

*Hoffenheim ist ein Ortsteil von Sinsheim

Junge Meistertrainer

Fünf Mal wurden Trainer Deutsche Meister, bevor sie den 40. Geburtstag gefeiert hatten, drei Mal hieß dieser Trainer Udo Lattek.

Matthias Sammer, 34	2001/02	Borussia Dortmund
Udo Lattek, 37	1971/72	FC Bayern München
Udo Lattek, 38	1972/73	FC Bayern München
Christoph Daum, 38	1991/92	VfB Stuttgart
Udo Lattek, 39	1973/74	FC Bayern München

Abführmittel

»Musst du mal scheißen und hast kein Papier, nimmst du ein Trikot von Schalke 04!«
Dortmunder Fangesang

»Sitzt auf dem Klo und musst mal kacken, denk an Dortmund, wird's schon klappen!«
Schalker Fangesang

Die Stimmungen einer Bundesligawoche

Montag	:-x	Freitag	:-)
Dienstag	:-(	Samstag	8-0
Mittwoch	:- I	Sonntag	:-((
Donnerstag	:-?		

SCHRÄGE VÖGEL

Charly Neumann

Für vier Minuten war Charly Neumann im Himmel. Als am 19. Mai 2001 um Viertel nach fünf im Gelsenkirchener Parkstadion alle Dämme brachen, weil Schalke 04 glaubte, Deutscher Meister zu sein, da war auch Charly Neumann mit von der Partie und herzte alle und jeden, die seinen Weg kreuzten. So oft hatte der gebürtige Bochumer, der in seinem Leben schon Jugendleiter, Mannschaftsbetreuer, Verwaltungsrat, Einpeitscher und Mädchen für alles bei den Gelsenkirchenern gewesen war, von der Meisterschaft gesprochen, nun endlich schien der Traum in Erfüllung gegangen zu sein. Am Ende war der FC Schalke wieder nur Zweiter, und Neumann ertrug auch das. »Wegen Schalke habe ich in meinem Leben schon acht bis zehn Badewannen vollgeheult.« Denn Schalke 04 war Charly Neumanns Leben. Sein Geld hatte er mit Bahnhofskneipen gemacht, beim Gelsenkirchener Traditionsklub fand er jedoch seine Erfüllung. Der gelernte Bäcker, 120 Kilo schwer, wurde zum viel bestaunten Unikat des Klubs. »I am the Maskottchen of Schalke«, gab er gegenüber ausländischen Reportern zu Protokoll, was noch untertrieben war. War die Stimmung im Parkstadion schlecht, wurde er als Animateur in die Kurve geschickt. Und niemand litt auf der Bank so sehr wie er. Charly gab zudem dem Boulevard Futter. Er inszenierte seine beständig scheiternden Versuche abzunehmen und zündete vor Schalke-Spielen gerne Kerzen in der Kirche an. Auf Kommando konnte er sturzbachartig Tränen fließen lassen. Als S04 aufstieg, pinselte er den Gelsenkirchener Hauptbahnhof blau-weiß an und wurde kurzerhand festgenommen. Kurzum, er war wie Schalke in dieser Zeit: hoch emotional, chaotisch, volkstümlich und hatte das Herz am richtigen Fleck. Am Ende waren es über dreißig Jahre, die er auf der Bank saß, mit einer Unterbrechung. In den Achtzigern hatte er sich mit Manager Rudi Assauer überworfen und wurde aus dem Innenraum verbannt. Was Neumann zum Äußersten trieb: Er installierte Wanzen im Vorstandszimmer und hörte mit, wie die Bosse seinen Rausschmiss beschlossen. Erst später raufte man sich wieder zusammen, und Neumann wurde Mannschaftsbetreuer auf Lebenszeit. Als er 2008 am schwachen Herzen starb, trauerte ganz Gelsenkirchen, und Manager Andreas Müller sagte: »Er war einer der Menschen, die Schalke ein Gesicht gegeben haben.«

Weihnachtsfeiern

Sex, Suff und Schlägereien – ganz so wild wie bei den Kollegen in Großbritannien geht es auf den Weihnachtsfeiern der deutschen Bundesligaklubs nicht zu – zum Bedauern manch eines Funktionärs und Spielers.

Business Casual Nicht immer erweisen sich die Profis als geschmackssicher in der Auswahl ihrer Kleidung für die Vereinsfeiern. Im Jahr 2000 war Stefan Effenberg offenbar zuvor beim Rodeo gewesen. Jedenfalls lief er bei der Münchner Weihnachtsparty in einer interessanten Mixtur von Cowboystiefeln und Lederhose auf. Den wertkonservativen Präsidenten Franz Beckenbauer ärgerte das Outfit ziemlich: »Wenn ich zu einer Weihnachtsfeier gehe, trage ich Sakko, Hemd und Krawatte.« Effenbergs Replik: »Wenn das einem nicht passt, dann ist mir das scheißegal.«

Nachwuchs Apropos Franz Beckenbauer und die Etikette: Auf der Weihnachtsfeier des FC Bayern 1999 hatte Beckenbauer mit der Vereinssekretärin Heidrun Burmester geschnäbelt. Was sichtbare Folgen hatte, die wiederum von Manager Robert Schwan wunderschön dementiert wurden: »Franz Beckenbauer und die verleumdete Dame, die sogenannte Mutter, die es gar nicht gibt, werden das beide dementieren.« Heute sind sie verheiratet und haben zwei gemeinsame Kinder.

Schattenseite Weihnachtsfeiern wurden für die Spielvereinigung Unterhaching während der kurzen Phase der Bundesligazugehörigkeit zu einem echten Problem. Offenbar hielt man den Klub aus dem Speckgürtel Münchens nach dem Aufstieg in die höchste deutsche Spielklasse für reich. Die Hachinger wurden nämlich eine der ersten Adressen für Bittsteller. »Seit dem Bundesligaaufstieg werden wir mit Bittbriefen geradezu überschwemmt«, gab der Klub hilflos zu Protokoll. »Monatlich treffen mehrere hundert Anfragen bei uns ein. Tombolapreise für Fußballturniere, Jubiläen und Weihnachtsfeiern«.

Gehaltserhöhung Schalke-Funktionär Günter »Oscar« Siebert war ein Mann schneller und nicht immer wohlüberlegter Entschlüsse, zumal wenn er unter Alkoholeinfluss stand. Der Schlagerlegende Roberto Blanco kam das auf der Gelsenkirchener Weihnachtsfeier 1976 zugute. Der Barde hatte zwar nur ein Standardprogramm dargeboten, gleichwohl erhöhte der begeisterte Siebert Blancos Gage spontan um 5000 Mark.

Großes Kino

Bundesligaspieler in Spielfilmen:

Paul Breitner	»Libero« 1973, »Potato Fritz« 1976, »Der Zappler« 1983, »Kunyonga – Mord in Afrika« 1986
Uwe Seeler	»Willi wird das Kind schon schaukeln« 1972
Gerd Müller	»Wenn Ludwig ins Manöver zieht« 1976
Sepp Maier	»Wenn Ludwig ins Manöver zieht« 1976
Franz Beckenbauer	»Libero« 1973
Wolfgang Kleff	»Otto – der Film« 1985, »Werner – Beinhart« 1990
K.-H. Rummenigge	»Il volatore di aquiloni« 1987
Co Prins	»Escape to Victory« 1981
Pierre Littbarski	»Etwas ist immer« 1984
Ronnie Hellström	»Fimpen, der Knirps« 1974
Yves Eigenrauch	»Fußball ist unser Leben« 1998

Runter und rauf

Sechs Trainer wurden nach dem Abstieg aus der Bundesliga nicht entlassen und stiegen umgehend wieder auf

Kuno Klötzer	Offenbach	Abstieg 1970/71*	Aufstieg 1972
Helmut Kronsbein	Hannover 96	Abstieg 1973/74*	Aufstieg 1975
Heinz Höher	1.FC Nürnberg	Abstieg 1983/84*	Aufstieg 1985
Friedhelm Funkel	Bayer Uerdingen	Abstieg 1990/91	Aufstieg 1992
Friedhelm Funkel	Bayer Uerdingen	Abstieg 1992/93	Aufstieg 1994
Klaus Toppmöller	VfL Bochum	Abstieg 1994/95*	Aufstieg 1996
Volker Finke	SC Freiburg	Abstieg 1996/97	Aufstieg 1998
Friedhelm Funkel	1.FC Köln	Abstieg 2001/02*	Aufstieg 2003
Volker Finke	SC Freiburg	Abstieg 2001/02	Aufstieg 2003
Wolfgang Wolf	1.FC Nürnberg	Abstieg 2002/03*	Aufstieg 2004
Jos Luhukay	Bor. Mönchengladbach	Abstieg 2006/07*	Aufstieg 2008

*kam erst im Laufe der Saison

GROSSE KLUBS

Hamburger SV

Mitglieder:			
55.450			

Platzierung ewige Tabelle:	Bundesliga-meisterschaften:	Abstiege:	Internationale Titel:
3	**7**	**-**	**2**

- In 50 Jahren Bundesliga war der Hamburger SV als einziger Klub immer vertreten. Mehr noch: Seit Gründung des Vereins in seiner heutigen Form im Jahr 1919 spielt er immer in der höchsten Spielklasse.
- Für die Anhänger sind die Farben des Klubs seit jeher »Schwarz-Weiß-Blau«. Unter Vereinspräsident Uwe Seeler wurde die Reihenfolge jedoch in »Blau-Weiß-Schwarz« geändert. Für das Outfit gilt weiterhin laut Satzung: »Die Sportbekleidung besteht, soweit die betriebene Sportart es zulässt, aus weißem Hemd mit dem Vereinsabzeichen, roter Hose und blauen Stutzen mit senkrecht gestreiftem schwarzweißem Rand.«
- Die meisten Elfmetertore für den HSV, nämlich 53, schoss Manfred Kaltz, die meisten Strafstöße in Folge verwandelte jedoch Keeper Hans-Jörg Butt mit 17.
- Zum Bundesligastart 1963/64 zog der Hamburger SV vom kleinen Stadion am Rothenbaum in die Schüssel des Volksparkstadions um. 1971 und 1972 wurde jedoch noch einmal Bundesliga am Rothenbaum gespielt. Fünf Partien trug der HSV in der alten Heimat aus, Zuschauerrekord waren 14.000 beim 2:1 über Borussia Dortmund am 29. Mai 1971.
- In den Spielzeiten 1981/82 und 1982/83 blieben die Hamburger in 36 Spielen nacheinander ohne Niederlage, bis heute unerreicht.
- Ernst Happel amtierte nicht nur am längsten als HSV-Trainer (1981–1987), sondern prägte auch die erfolgreichste Ära des Klubs. 109 Siege in der Bundesliga standen am Ende zu Buche, dazu zwei Meisterschaften (1982 und 1983) und vor allem der größte Erfolg der Vereinsgeschichte: der Europapokal der Landesmeister 1983 durch den Finalerfolg gegen Juventus Turin.
- Die Rekordspieler des Hamburger SV entstammen allesamt der Happel'schen Ära: Manfred Kaltz mit 581 Spielen vor Thomas von Heesen mit 368 und Ditmar Jacobs mit 323 Spielen.
- Mag Lotto King Karl auch alle zwei Wochen auf der Hebebühne trällern, das bekannteste Lied rund um den HSV bleibt das von Schlagerbarde Stefan Hallberg 1979 veröffentlichte »Wer wird Deutscher Meister?«, eine schmissige Coverversion von Leif Garretts »I Was Made for Dancin'«.

De mortuis nil nisi bonum

In fast jedem Abfindungsvertrag gefeuerter Trainer findet sich ein Passus, demzufolge beide Seiten aufs Waschen schmutziger Wäsche verzichten. Nun ja …

»Man hatte in Köln in den letzten zehn Jahren kein Konzept, keine Idee.«
Stale Solbakken

»Hertha BSC fehlt die nötige Demut. Nach einem Sieg wird von der Champions League geredet, nach einer Niederlage vom Abstieg. Der Mittelweg fehlt im Verein.«
Markus Babbel

»Ich bin von St. Pauli schmerzhaft rausgeekelt worden. Ich glaube, dass ich das nach all den Jahren als Braun-Weißer nicht verdient habe.«
Joachim Philipkowski

»Wo stand die Schalker Mannschaft denn, als ich vor drei Jahren kam? Und wie hätte sie so weit kommen können, wenn ich von Taktik, Training und Menschenführung keine Ahnung hätte?«
Jörg Berger

»Als mich René Jäggi im letzten Februar anrief, wusste ich, dass es in Kaiserslautern sehr schwer wird. Nicht nur sportlich mit einer zerstrittenen Multi-Kulti-Truppe, sondern auch, weil mit Erik Gerets vorher ein Volksheld hier war. Ich dagegen bin nicht der Kumpeltyp, keiner, der den Clown macht. Vielleicht ist das ein Fehler. Gesten und Sprüche scheinen jetzt dazuzugehören. Man ist mir nie unvoreingenommen entgegengetreten, diese Lobby hatte ich hier nie.«
Kurt Jara

»Der Einzige im Klub, der immer auf meinen Abschied gedrängt hat, war Uli Hoeneß. Kein anderer. Darum wird auch keine weitere Zusammenarbeit mehr zwischen uns beiden möglich sein.«
Louis van Gaal

Bundesligatorhüter als Torjäger

Hans-Jörg Butt	Hamburger SV, Bayer Leverkusen	26*
Jens Lehmann	Schalke 04	1
Frank Rost	Werder Bremen	1

* alle Tore durch Elfmeter

Große Worte: Die Bundesliga über das Gesundheitswesen

»Ziege ist umgeknickt, scheint sich um eine Schulterverletzung zu handeln.«
Schnelldiagnose von Bela Rethy.

»Die Sanitäter haben mir sofort eine Invasion gelegt.«
Fritz Walter in der Normandie.

»Wir waren früher härter, bei uns gab es keine Verletzungen, sondern nur glatte Brüche.«
Fein differenziert, Friedhelm Funkel.

»Ja gut, der arbeitet von morgens bis abends. So was nennt man im Volksmund, glaube ich, Alkoholic!«
Gluckgluck, Reiner Calmund.

»Die biologische Uhr tickt und geht auch an mir nicht vorbei.«
Lothar Matthäus in der Menopause.

»Stuttgart hat sich im Prinzip den Finger in der Nase abgebrochen.«
Ewald Lienen organisiert die Erstversorgung.

»Ich kann mich an kein Spiel erinnern, in dem so viele Spieler mit der Barriere vom Platz getragen wurden.«
Michael Lusch macht den Weg frei.

»Wir müssen aufpassen, dass sich beim Duschen niemand verletzt.«
Lothar Matthäus bückt sich nicht nach der Seife.

»Wir haben mit der notwendigen, fairen Brutalität gespielt.«
Christian Beeck wiegelt ab.

»Ich wechsle nur aus, wenn sich einer das Bein bricht.«
Werner Lorant, prinzipientreu.

»Es ist ein Muskelfaserriss in der Schamgegend. Da können Sie sich viel drunter vorstellen. Das geht vorne los und hört hinten auf!«
Bitte keine Details, Horst Buhtz.

»Nach zwanzig Minuten waren zwei von denen angeschlagen. Die sind gehumpelt. Aber die sind schneller gehumpelt als wir gelaufen!«
Hermann Gerland, leicht angewidert.

»Zum Glück habe ich nur eine Struktur.«
Thorsten Legat, erleichtert.

»Wir waren bereits klinisch tot.«
»Night of the Living Dead«, in der Hauptrolle: Ulf Kirsten.

Relative Ewigkeit

Die »ewige Tabelle« der Bundesliga anhand des Punktedurchschnitts pro Spiel. Rechts die Position nach der absoluten Punktzahl.*

Platz	Schnitt	Verein	Platz (absolut)	Verein
01.	1,94	FC Bayern München	01.	FC Bayern München
02.	1,55	SV Werder Bremen	02.	SV Werder Bremen
03.	1,54	Borussia Dortmund	03.	Hamburger SV
04.	1,53	VfB Stuttgart	04.	VfB Stuttgart
05.	1,53	Bayer 04 Leverkusen	05.	Borussia Dortmund
06.	1,51	Hamburger SV	06.	Borussia M'gladbach
07.	1,47	1. FC Köln	07.	1. FC Köln
08.	1,46	Borussia M'gladbach	08.	FC Schalke 04
09.	1,42	FC Schalke 04	09.	1. FC Kaiserslautern
10.	1,4	1. FC Kaiserslautern	10.	SG Eintracht Frankfurt
11.	1,37	VfL Wolfsburg	11.	Bayer 04 Leverkusen
12.	1,36	SG Eintracht Frankfurt	12.	VfL Bochum
13.	1,36	Hertha BSC	13.	Hertha BSC
14.	1,33	TSG 1899 Hoffenheim	14.	1. FC Nürnberg
15.	1,32	TSV 1860 München	15.	MSV Duisburg
16.	1,31	Eintracht Braunschweig	16.	Hannover 96
17.	1,27	1. FSV Mainz 05	17.	Karlsruher SC
18.	1,22	Fortuna Düsseldorf	18.	Fortuna Düsseldorf
19.	1,21	MSV Duisburg	19.	TSV 1860 München
20.	1,21	1. FC Nürnberg	20.	Eintracht Braunschweig
21.	1,2	SV Waldhof Mannheim	21.	VfL Wolfsburg
22.	1,19	Hannover 96	22.	DSC Arminia Bielefeld
23.	1,18	VfL Bochum	23.	KFC Uerdingen 05
24.	1,18	Kickers Offenbach	24.	SC Freiburg
25.	1,17	Karlsruher SC	25.	FC Hansa Rostock
26.	1,16	SC Freiburg	26.	SV Waldhof Mannheim
27.	1,16	FC Hansa Rostock	27.	Kickers Offenbach
28.	1,16	SpVgg Unterhaching	28.	1. FSV Mainz 05
29.	1,15	Alemannia Aachen	29.	Rot-Weiss Essen
30.	1,14	KFC Uerdingen 05	30.	FC St. Pauli
31.	1,12	FC Augsburg	31.	FC Energie Cottbus

32.	1,1	DSC Arminia Bielefeld	32.	TSG 1899 Hoffenheim
33.	1,1	Rot-Weiss Essen	33.	Alemannia Aachen
34.	1,07	SG Wattenscheid 09	34.	SG Wattenscheid 09
35.	1,07	Stuttgarter Kickers	35.	1. FC Saarbrücken
36.	1,03	FC Energie Cottbus	36.	SG Dynamo Dresden
37.	1,03	SSV Ulm 1846	37.	Rot-Weiß Oberhausen
38.	1,02	Rot-Weiß Oberhausen	38.	Wuppertaler SV Borussia
39.	1,0	SC Preußen Münster	39.	Borussia Neunkirchen
40.	1,0	Wuppertaler SV Borussia	40.	FC 08 Homburg
41.	1,0	SG Dynamo Dresden	41.	SpVgg Unterhaching
42.	0,97	SC Fortuna Köln	42.	Stuttgarter Kickers
43.	0,95	Borussia Neunkirchen	43.	SV Darmstadt 98
44.	0,93	FC St. Pauli	44.	Tennis Borussia Berlin
45.	0,88	FC 08 Homburg	45.	FC Augsburg
46.	0,87	1. FC Saarbrücken	46.	SSV Ulm 1846
47.	0,79	SV Darmstadt 98	47.	SC Fortuna Köln
48.	0,72	Tennis Borussia Berlin	48.	SC Preußen Münster
49.	0,67	SpVgg Greuther Fürth	49.	SpVgg Blau-Weiß 90 Berlin
50.	0,62	SpVgg Blau-Weiß 90 Berlin	50.	VfB Leipzig
51.	0,59	VfB Leipzig	51.	SC Tasmania 1900 Berlin
52.	0,29	SC Tasmania 1900 Berlin	52.	SpVgg Greuther Fürth

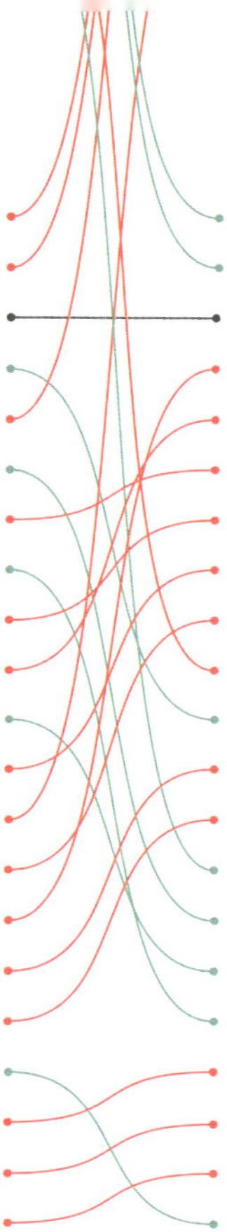

*umgerechnet auf die Drei-Punkte-Regel

Hopp oder Topp

Es geht auch ohne Unentschieden – selbst über längere Zeit.

	Spiele	Siege	Niederlagen	Jahr
Eintracht Frankfurt	34	17	17	1979–1980
Eintracht Braunschweig	27*	13	14	1980–1982
1. FC Nürnberg	25	10	15	2002
Werder Bremen	25*	10	15	1979–1981
Bayern München	23	20	3	2005
VfL Wolfsburg	23	18	5	2009
Borussia Mönchengladbach	23	17	6	1986–1987
Arminia Bielefeld	23	9	14	1997

*zwischendurch abgestiegen

Auf den Punkt

Was gibt es Schöneres, als den Geist eines Vereins auf den Begriff zu bringen. Auch wenn es zwischen den Klubs offenbar gar nicht so riesengroße Unterschiede gibt, wie mancher Fan denken mag.

»Mia san mia.« (FC Bayern)
»Wir sind der Club.« (1. FC Nürnberg)
»Wir sind Eintracht.« (Eintracht Braunschweig)
»Echte Liebe.« (Borussia Dortmund)
»Leben. Liebe. Leidenschaft.« (MSV Duisburg)
»Liebe kennt keine Liga.« (1. FC Saarbrücken)
»Wir leben dich.« (Schalke 04)
»Mein Revier ist hier.« (VfL Bochum)
»Meine Heimat, mein Verein.« (Fortuna Düsseldorf)
»Meine Liebe. Meine Stadt. Mein Verein.« (1. FC Köln)
»Einmal Löwe, immer Löwe.« (1860 München)
»Lebenslang grün-weiß.« (Werder Bremen)
»Nur der HSV.« (Hamburger SV)
»Tradition verpflichtet.« (Dynamo Dresden)
»Working class football since 1907.« (Waldhof Mannheim)
»Non established since 1910.« (FC St. Pauli)
»Unsinkbar seit 1965.« (Hansa Rostock)

Älteste noch bestehende Fanklubs

1860 Fanclub Frauenbiburg	1860 München	1965
BVB Fanclub Dröschederfeld	Borussia Dortmund	1968
Die Königsblauen Wittenberg	Schalke 04	1969
Alm-Buben	Arminia Bielefeld	1971
Eintracht-Fanclub Mühlheim	Eintracht Frankfurt	1971
Bochumer Jungs	VfL Bochum	1972
Den Tuddel	Borussia Mönchengladbach	1972
Hertha BSC Fanclub	Hertha BSC	1972
Rothosen	Hamburger SV	1972

1982 | Adrian Maleika Der erste getötete Fan

Sie waren an jenem 16. Oktober 1982 extra eine S-Bahn-Haltestelle später ausgestiegen, um auf dem Weg zur Gästekurve des Hamburger Volksparkstadions den gefährlichsten Fans des HSV aus dem Weg zu gehen. Doch am Bahnhof Eidelstedt traf die Gruppe Bremer Fans genau auf jene, die sie unbedingt vermeiden wollten. Sofort gingen die Mitglieder des HSV-Fanklubs »Die Löwen«, der brutalsten Gruppierung jener Tage in Hamburg, sowie einige Skinheads auf die Bremer los. Das war damals um die Stadien eher Regel als Ausnahme, doch an jenem Nachmittag eskalierte die Situation, denn plötzlich flogen Steine.

Wer damit anfing, das konnte die Polizei hinterher nicht mehr rekonstruieren, und auch nicht, wer den damals 16 Jahre alten Adrian Maleika getroffen hatte. Der Junge, der noch bei seinen Eltern wohnte, bekam einen Stein an den Kopf. Mit einem Schädelbasisbruch fiel er noch am Tatort ins Koma und wurde ins Krankenhaus Altona eingeliefert. Am nächsten Morgen um drei Uhr klingelte bei seinen Eltern in Bremen das Telefon, sein älterer Bruder Roland, der sonst immer mitgefahren war, nahm das Gespräch an. Der Arzt kondolierte, Adrian Maleika war seinen Verletzungen erlegen. Für Bremens Manager Willi Lemke, war das »der schwärzeste Tag in 18 Jahren bei Werder«. Und für seinen damaligen Hamburger Kollegen Günter Netzer, der ebenfalls zu Beerdigung kam, »eine der größten Tragödien, die wir hier erlebt haben«. Die Gewalt um die Stadien sollte dies aber noch lange nicht stoppen, das Zeitalter des Hooliganismus hatte gerade erst begonnen. Es ging erst nach der schweren Verletzung des französischen Gendarms Daniel Nivel durch deutsche Schläger bei der WM 1998 in Frankreich zu Ende.

Inneneinrichtungen

Sepp Maiers Wohnbunker

Mag der Sowjet auch auf den atomaren Erstschlag verzichtet haben, die zentnerschweren Vorhänge in Sepp Maiers Tiefparterre schützen vor Strahlung aller Art.

Wolfgang Webers Schreibtisch →

Am Anschlag: Kölns Wolfgang Weber exzerpiert am karg illuminierten Schreibtisch aus dem Standardwerk »Spiel und Gymnastik für den Fußballer«.

Gerd Müllers Schrankwand

Die letzte aller Fragen: Wohin mit diesem formschönen Riesenpokal?
Gerd Müllers Geistesblitz: »Stell ihn in den Keller zu den Torjägerkanonen!«

Bernd Patzkes Kochstelle

Heiß und kalt: Bernd Patzke von Hertha BSC kämpft an der rustikalen Kochstelle im frisch bezogenen Eigenheim mit den Extremen.

GROSSE KLUBS

VfB Stuttgart

Mitglieder:
45.000

Platzierung ewige Tabelle:	Bundesliga-meisterschaften:	Abstiege:	Internationale Titel:
4	**3**	**1**	**-**

- Kein Klub hat eine vergleichbar erfolgreiche Nachwuchsausbildung. Allein nach dem Titelgewinn 2007 verkaufte der Klub Spieler für insgesamt 74,4 Millionen Euro, die aus der eigenen Jugend stammten. (Im gleichen Zeitraum kamen der FC Bayern auf 38,25 Mio. Euro und Schalke 04 auf 30 Mio. Euro.)
- Helmut Benthaus wurde als Erster in der Bundesliga sowohl als Spieler wie auch als Trainer Deutscher Meister: als Spieler 1964 mit dem 1. FC Köln, als Trainer 20 Jahre später mit dem VfB Stuttgart.
- Nur zwei Jahre lang spielte der VfB Stuttgart nicht in der Bundesliga. Nach dem Wiederaufstieg 1977 stellte er mit rund 54.000 Besuchern pro Heimspiel einen Zuschauerrekord auf, der erst in der Saison 1998/99 von Borussia Dortmund gebrochen wurde.
- In der Meistersaison 2006/07 hingegen hatte der Klub nur den achtbesten Zuschauerschnitt der Bundesliga (45.349).
- Unter den Mitgliedern des Klubs befindet sich auch ein gewisser Moritz Götz, geboren am 15. Juni 1999. Dabei handelt es sich um den Rauhaardackel von Andreas Götz, einem VfB-Mitglied auf Lebenszeit.
- Die Bezeichnung Mercedes-Benz Arena ist schon der fünfte Name des 1933 als Adolf-Hitler-Kampfbahn eröffneten Stadions. Nach dem Zweiten Weltkrieg hieß es für ein Jahr Century-Stadium, von 1949 bis 1993 Neckarstadion und von 1993 bis 2008 Gottlieb-Daimler-Stadion.
- Der rote Brustring auf weißem Grund ist das Erkennungszeichen des Klubs. Nur in der ersten Zweitligasaison verzichtete der VfB Stuttgart darauf und verpasste prompt die direkte Rückkehr in die Bundesliga.
- Der VfB Stuttgart ist der einzige Bundesligaklub, den Bundestrainer Joachim Löw trainiert hat. 1995 kam er als Co-Trainer von Rolf Fringer mit nach Stuttgart, wurde im Jahr darauf als Cheftrainer sein Nachfolger und führte den VfB 1997 zum Sieg im DFB-Pokal und ein Jahr später ins Finale des Europapokals der Pokalsieger.
- Die harten Jungs der Bundesliga sind in Stuttgart zu Hause, jedenfalls, wenn man auf die Gesamtzahl der Platzverweise schaut: 111. Kein Klub hat mehr.

Lustige Mannschaften: Stuttgart 1966

Alle Trikots an? Alle die Arme vor der Brust verschränkt? Alle gut gelaunt? Und wirklich alle ihre Sonnenbrillen abgenommen? Dann wäre der VfB Stuttgart nun bereit fürs Mannschaftsfoto.

Bundesligastandorte einst und jetzt, an denen kein ICE hält

Cottbus	Homburg/Saar	Neunkirchen
Fürth	Krefeld	Offenbach
Hoffenheim	Leverkusen	Unterhaching

Bundestrainer als Bundesligaspieler

Franz Beckenbauer (FC Bayern München, Hamburger SV)	424 Spiele
Berti Vogts (Borussia Mönchengladbach)	419 Spiele
Jürgen Klinsmann (VfB Stuttgart, FC Bayern München)	221 Spiele
Joachim Löw (VfB Stuttgart, Eintracht Frankfurt, Karlsruher SC)	52 Spiele

Die Lyrik der Ultrabewegung

Ein noch weitgehend unerforschtes Feld sind die eigens gedichteten Gesänge der Ultras. Doch schon dieser kurze Überblick populärer Sprechchöre zeigt, dass sie irgendwo zwischen Agitprop und Liebeslyrik einzusortieren sind.

Stuttgart

Mit Freundschaft und Zusammenhalt
auf allen Wegen mit dabei.
Steh auf und sei ein Teil davon,
gegen Kommerz und Polizei.

Leverkusen

Stadionverbotler,
ihr seid unsre Brüder.
Stadionverbotler,
haltet durch.

Hamburg

Schrei es laut mit Stolz heraus,
wenn du diese Liebe in dir trägst:
Oohohoh!
Diese bedingungslose Leidenschaft,
die sogar Repressionen übersteht!
Oohohoh!

Schalke

Gelsenkirchen Schalke 1904.
Für deine Farben leben
und sterben wir.
Du bist das, was uns am Leben hält.
Schalke ist das Geilste auf der ganzen
Welt.

Dresden

Einmal ist es anders rum,
da rotzen wir die Bullen um!
Wisst ihr, wo ich wohne?
Ich wohne in der Zone!
Oho oho oho oh.

Gebt mir eine Panzerfaust,
dann schießen wir den DFB raus!
Wisst ihr, wo ich wohne?
Ich wohne in der Zone!
Oho oho oho oh.

Kein DFB kann uns zerstör'n,
der ganze Westen soll es hör'n!
Wisst ihr, wo ich wohne?
Ich wohne in der Zone!
Oho oho oho oh.

Ich sage euch, ihr werdet sehen:
_ _ _ _ _ _ _ _ _ _* wird untergeh'n!
Wisst ihr, wo ich wohne?
Ich wohne in der Zone!
Oho oho oho oh.

*Name des nächsten Gegners

Bremen

SV Werder Bremen –
egal, wie weit wir für dich fahren,
ob bis ans Ende dieser Welt,
wir tun das alles nur aus Liebe,
du bist das Einzige, was zählt!

Egal, wie viel du uns auch kostest,
egal, wie laut wir für dich schrei'n,
wir tun das alles nur aus Liebe,
unser weltbester Sportverein!

Karlsruhe

Wie ein Traum, der nie vergeht,
wie ein Herz, das ewig schlägt,
blau wie's Meer und weiß wie Schnee,
das bist du, mein KSC.

Wie ein Licht, das uns erhellt,
wie ein Stern am Himmelszelt,
Blume, die niemals verwelkt,
Liebe, die ein Leben hält.

Heute hier und morgen dort,
jedes Spiel an jedem Ort,
ihr sollt hören, wir sind da,
wir die Ultras, aus KA.

Innovatoren auf der Trainerbank

Branko Zebec Beim FC Bayern wurde er 1969 erster Münchner Meistertrainer in der Bundesliga, später gewann der Jugoslawe auch mit dem Hamburger SV den Titel. Wie viel das mit seinem hohen taktischen Verständnis zu tun hatte, zeigte sich vor allem zwischen 1974 und 1978, als er bei Eintracht Braunschweig mit einer damals überraschenden Mischung aus Mann- und Raumdeckung die Gegner verblüffte und durch unerwartete Erfolge für Furore sorgte.

Ernst Happel Heute ist das Pressing ein selbstverständlicher Bestandteil der Defensivarbeit jeder Fußballmannschaft. Als der Österreicher, beeinflusst durch seine Zeit im holländischen Fußball, es beim Hamburger SV spielen ließ, war das eine Sensation. Denn die großen Jahre des HSV zwischen 1981 und 1987 erklären sich bei weitem nicht nur durch die individuelle Klasse der Hrubesch, Kaltz, Keegan oder Magath, sondern auch durch die Vorwärtsverteidigung Happels, der sich nur wenige Gegner zu erwehren wussten.

Pal Czernai Der Ungar mit dem Seidenschal reüssierte mit dem »Pal-System« vor allem beim FC Bayern München 1978 bis 1983. Es handelte sich dabei um eine Form der Raumdeckung, in der jeder Spieler die Verantwortung für einen klar zugewiesenen Bereich des Spielfeldes erhielt. Wichtig war, dass sich alle an diese Ordnung hielten. Die Bayern taten das und beherrschten das System seinerzeit fast perfekt.

Hannes Bongartz In der Bundesliga war das Spiel mit dem Libero hinter und später auch vor der Abwehr fast eine Glaubensfrage. Erst zur Jahrtausendwende verschwand der freie Mann aus fast allen Teams. Doch Bongartz, der 1985 beim 1. FC Kaiserslautern fast umweglos vom Spieler zum Trainer wurde, setzte als Erster auf die Viererkette, die er beim IFK Göteborg in einem Europapokalspiel gesehen hatte.

Ralf Rangnick Beeinflusst von seinen Erlebnissen als junger Spieler in Testpartien gegen Dynamo Kiew entwickelte Rangnick mit anderen Trainern aus der Region die später sogenannte »württembergische Fußballschule«, in der systematisch ballorientiertes Spiel im Mittelpunkt stand. Seine Erklärung dieser Spielweise 1998 im Aktuellen Sportstudio trug ihm den nicht freundlich gemeinten Titel »Fußballprofessor« ein.

Volker Finke 16 Jahre lang hielt er den SC Freiburg in der Bundesliga (oder führte ihn nach einem Abstieg direkt zurück), weil er taktisch der Konkurrenz vielfach voraus war. Finke setzte als einer der ersten Trainer in der Bundesliga auf ballorientierte Defensive und ließ seine Mannschaft im Angriff mitunter verwegen flexibel mit ständigen Positionswechseln spielen.

Jürgen Klopp In einer Zeit, in der es im Fußball kaum noch wirkliche Neuerungen geben konnte, verblüffte er mit seiner Neuinterpretation von entschlossenem Pressingspiel direkt nach Ballverlust, das Klopp »Gegenpressing« nannte und das die Basis für die beiden sensationellen Titelgewinne von Borussia Dortmund 2011 und 2012 war.

Bajuwarische Macht

Der Aufsichtsrat des FC Bayern München bestimmt die Vorstandsmitglieder der Bereiche Finanzen, Lizenzspielerangelegenheiten und Marketing, Sponsoring, Events. Außerdem beruft und entlässt er den Vorstandsvorsitzenden. Kein Gremium eines anderen Bundesligisten ist so hochkarätig mit Führungskräften aus der Wirtschaft besetzt.

Aufsichtsratsvorsitzender

Uli Hoeneß	Präsident des FC Bayern

Aufsichtsratsmitglieder

Herbert Hainer	Vorstandsvorsitzender der Adidas AG, Aufsichtsrat der Bayerischen Versicherungsbank und Engelhorn Mannheim
Timotheus Höttges	Finanzvorstand der Deutschen Telekom AG
Dieter Rampl	Verwaltungsratsvorsitzender der UniCredit Group
Helmut Markwort	Geschäftsführer der Burda Broadcast Media und Herausgeber des Nachrichtenmagazins »Focus«
Rupert Stadler	Vorstandsvorsitzender der Audi AG
Edmund Stoiber	Ehemaliger bayrischer Ministerpräsident
Fritz Scherer	Vizepräsident des FC Bayern
Martin Winterkorn	Vorstandsvorsitzender der Volkswagen AG, Vorstandsvorsitzender der Porsche Automobil Holding und Aufsichtsrat der Infineon Technologies AG

»Geschmeidig wie eine Litfaßsäule«

Von 1978 bis 2005 testete Alt-Trainer Max Merkel in seiner Kolumne bei der »Bild«-Zeitung die Bundesliga und fand für den einen oder anderen Spieler, Trainer oder Funktionär sehr wenig schmeichelhafte Charakterisierungen.

erwalls letzter Tag als Trainer:
Er merkte nichts
merkte, daß er draußen war, hat er geweint. Carrasco führte Stielike vom Platz. Der hing sich vor lauter Seelenschmerz das Trikot übern Kopf.
Die andern haben's erst in der Kabine erfahren
Uwe Seeler spielte mit 17 für Deutschland, Fritz Walter war 19, als er beim 9:3 gegen Rumänien drei Tore schoß. Schnellinger, Haller, Libuda, Overath
nen, können wir Meister werden."
Ein Faß Kölsch, daß Köln nicht Meister wird
Der Machtwechsel war

»Ich glaube, es ist leichter, einen Rollmops durch Mund-zu-Mund-Beatmung wieder ins Leben zurückzuholen.«

Über Dortmunds europäische Ambitionen.

»Christoph Daum ernährt sich ausschließlich von Makkaroni, weil er so beim Essen ungestört durch die Löcher weiterreden kann.«

Über kommunikative Fähigkeiten.

»Lieber 10 Minuten Maradona beim Autowaschen zuschauen, als 90 Minuten Pflügler auf dem Fußballplatz.«

Über Hansi Pflügler.

»Wenn der eine Ansichtskarte in den Briefkasten werfen will, braucht er ein Trampolin.«

Über den Hünen Horst Heldt.

»Mit dem Mundwerk größer als Pelé, Beckenbauer und Cruyff zusammen. Mit den Füßen eher Generalvertreter für Birkenstocksandalen.«

Über Thomas Berthold.

»Früher hatte er Mühe, Omelett von Hamlet zu unterscheiden.«

Über Otto Rehhagel.

»Beruf Sohn.«

Über die Ausbildung von KSC-Spieler Uwe Dittus.

»Falls Sie übrigens mal schnell einen Fön brauchen, Dohmen fragen.«

Über Rolf Dohmens Eitelkeit.

»Der Udo sollte nicht so viel auf Sieg wetten, sondern lieber seinen geliebten Aquavit herunterspülen.«

Über Udo Lattek.

»Geschmeidig wie eine Litfaßsäule.«

Über die Beweglichkeit von Ralf Regenbogen.

»Läuft, als hätten sie ihm zwei Pampers-Windeln in die Hose genäht.«

Über Frank Neubarths Antrittsschnelligkeit.

Mein Tier und ich: Vollmeise

»Wo ist Vogi? Ja, wo ist Vogi?«, freut sich Ronald Worm vom MSV Duisburg über den neu erworbenen Vogelbauer mit Inhalt.

Schnell kann's gehen

Es war eine kleine Sensation. Auf der Jahreshauptversammlung des FC Schalke 04 im November 1988 hatte sich Michael Zylka, Oberleutnant bei der Bundeswehr, zur Wahl als Präsident gestellt und sich tatsächlich mit 675 zu 526 Stimmen gegen den Favoriten Fred Gatenbröcker durchgesetzt. Drei Tage später war die Präsidentschaft des Nobody schon wieder Geschichte. Die Gremien des Klubs, insbesondere der mächtige Verwaltungsrat, waren Zylka mit offener Feindschaft begegnet, die Stadt Gelsenkirchen hatte ebenfalls mächtig Stimmung gegen den Offizier gemacht. Gerüchte, Zylka sei BND-Agent, machten die Runde. Also resignierte der Oberleutnant in Rekordschnelle und trat zurück, nicht ohne das humorvolle Fazit: »Die Ära Zylka ist zu Ende!«

Lustige Mannschaften: FC Bayern 1979

Die Münchner Spieler haben sich einen Traum erfüllt: Komparsen in der ARD-Vorabendserie »Auf Achse«. Günther Willers, Franz Meersdonk und der FC Bayern fahren Terminfracht in aller Herren Länder.

Der kleine Spielanalytiker

Seit mehr als acht Jahren zählen die Datensammler von Opta aus, was auf den Bundesligaplätzen passiert, und die Dinge sind erstaunlich stabil. Nur die Zweikampfanzahl steigt und die der Fouls sinkt.

	2004/05	05/06	06/07	07/08	08/09	09/10	10/11	11/12
Tore/Spiel	2,9	2,8	2,7	2,8	2,9	2,8	2,9	2,9
Schüsse/Spiel	26	27	28	28	28	26	26	26
Schüsse absolut	7916	8409	8471	8650	8569	7957	7887	7915
Ecken/Spiel	10,0	10,3	10,4	10,4	10,9	10,1	9,8	9,4
Fouls/Spiel	39	41	37	36	36	34	33	32
Abseits/Spiel	7,2	7,1	6,4	6,0	6,8	6,3	6,2	6,1
Zweikämpfe/Spiel	-	107	107	103	107	108	111	127

SCHRÄGE VÖGEL

Wolf-Dieter Ahlenfelder

Es gehört zur Tragik mancher Akteure im Fußball, mit einer Aktion, einer Handlung ihr Leben lang verbunden zu werden. Der Bremer Verteidiger Norbert Siegmann mit dem Horrorfoul an Ewald Lienen, sein Kollege Michael Kutzop mit dem verschossenen Elfmeter gegen die Bayern. Und Schiedsrichter Wolf-Dieter Ahlenfelder wird vermutlich bis ans Ende seiner Tage an die erste Halbzeit des Spiels Werder Bremen gegen Hannover 96 am 8. November 1975 erinnert werden, die er irrtümlich viel zu früh, nämlich schon nach 32 Minuten abpfiff. Die Spieler schauten verwundert, der Linienrichter wedelte schnell mit der Fahne, und Ahlenfelder pfiff das Spiel schnell wieder an. Um die erste Halbzeit allerdings abermals um neunzig Sekunden zu früh und dann endgültig zu beenden.

Später stellte er entschuldigend fest: »Der Schiedsrichterbeobachter auf der Tribüne hat mir hinterher bescheinigt, keine groben Fehlentscheidungen getroffen zu haben. Negativ wurden nur meine etwas übertriebenen Gesten beurteilt.« Die übertriebenen Gesten waren womöglich Resultat einer allzu freizügigen alkoholischen Vorbereitung auf das Spiel. »Ein Bier und einen Malteser zum Mittagessen«, hatte Ahlenfelder in der Stadiongaststätte konsumiert, »das wird doch wohl erlaubt sein.« Manche Spieler hielten das für dezent untertrieben, Bremens Per Roentved etwa behauptete: »Er wollte mich küssen. Ich konnte gerade noch den Kopf wegdrehen.« Und Hannovers Trainer Fiffi Kronsbein gab zu Protokoll: »Er hat mich angeknurrt wie ein Hund!«

Beim Fußballbund beäugte man den lebensfrohen Oberhausener argwöhnisch. Nicht nur Ahlenfelders Theatralik, sondern auch das kumpelhafte Verhältnis, das der Schiedsrichter zu den Spielern pflegte, missfiel den Funktionären. Mit Stars wie Franz Beckenbauer war er per du, nahm meckernde Spieler auch mal väterlich in den Arm, und als Paul Breitner moserte »Du pfeifst wie ein Arsch!«, konterte er schlagfertig: »Und du spielst wie ein Arsch!« Am Ende stellte ihn der Fußballbund kalt, nachdem er bei einem Leistungstest gefehlt und für Elektrogeräte Werbung gemacht hatte. Am 21. Mai 1988 leitete er sein letztes Spiel, VfB Stuttgart gegen den SV Waldhof Mannheim, und pfiff völlig korrekt nach 90 Minuten ab.

Ein Buch hat 90 Minuten

Anpfiff

Halbzeit

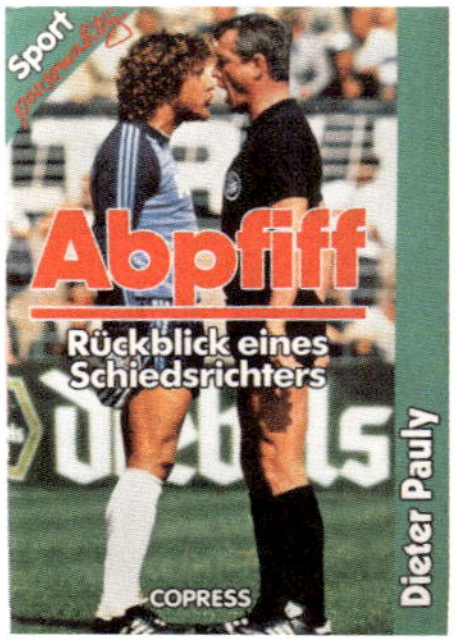

Abpfiff

Angst essen Seele auf

Es gibt sicherlich einige Gegner, angesichts derer sich im Laufe der Bundesligajahre die negativen Erfahrungen häufen – vor allem, wenn es gegen den Rekordmeister aus München geht. Doch was Bayer Leverkusen in den 34 Jahren seiner Bundesligazugehörigkeit dort erlebt hat, ist schon bizarr. Nur drei Siegen und sechs Unentschieden stehen 25 teilweise deftige Niederlagen gegenüber. Das wäre verständlich, wenn hier von der Bilanz des VfL Bochum oder Arminia Bielefeld die Rede wäre, aber **Bayer Leverkusen** gehört seit Mitte der achtziger Jahre fast ununterbrochen zu den Spitzenklubs der Liga. Nachdem Bayer zwischendurch die achte Niederlagen in Serie beim FC Bayern erlebt hatte, wagte Manager Reiner Calmund die optimistische Behauptung: »Vor meiner Rente werden wir hier in München irgendwann gewinnen.« Er sollte sich täuschen.

Noch pathologischer als Leverkusens Bayern-Psychose ist aber die des **1. FC Köln** gegen Borussia Mönchengladbach. Denn immerhin spielten die beiden großen Rivalen meist auf ungefähr gleichem Niveau, einst als Spitzenteams, später oft als Abstiegskandidaten. Von daher ist es nicht zu erklären, dass die Borussia 44 rheinische Derbys gewinnen konnte, Köln aber nur 21 (bei 15 Unentschieden). Ja, die Heimbilanz der Kölner ist sogar noch schlechter als die Auswärtsbilanz in Mönchengladbach, wo es immerhin zwölf Siege gab, statt nur neun im eigenen Stadion. Selbst mehr Tore (87) schoss Gladbach in Köln statt daheim (79).

Freiwillig komisch

Seinem Wesen nach ist das Fußballerzitat vor allem unfreiwillig komisch, diese hier sind es aus freien Stücken.

»Das war eine Hormonausschüttung, wie ich sie zuletzt mit fünf Jahren im Phantasialand hatte.«

Tobias Levels nach seinem ersten Bundesliga-Tor.

»Wir gehen nachts mit Fackeln in den Wald, damit die Jungs die Angst verlieren.«

Hans Meyer mit neuer Psychostrategie.

»Der ist mit allen Abwassern gewaschen.«

Norbert Dickel einst über seinen Dortmunder Mannschaftskameraden Frank Mill.

»Im Kölner Stadion ist immer so eine super Stimmung, da stört eigentlich nur die Mannschaft.«

Udo Lattek ohne Beißhemmung.

»Das größte Problem beim Fußball sind die Spieler. Wenn wir die abschaffen könnten, wäre alles gut.«

Helmut Schulte geht die Sache grundsätzlich an.

»Magaths Training ist wie ein Zahnarzttermin. Man fürchtet sich vorher, aber danach fühlt man sich besser.«

Jan-Aage Fjörtoft lässt bohren.

»Wir schießen so wenig Tore, vielleicht heißen wir deshalb auch die Knappen.«

Manuel Neuer, damals noch bei Schalke 04.

»Ich habe nie an unserer Chancenlosigkeit gezweifelt.«

Richard Golz illusionslos im Freiburger Tor.

Erstes Montagsspiel

Zwar waren schon vorher Bundesligaspiele an Montagabenden ausgetragen worden, aber am 28.9.1987 fand eines statt, das dem Konzept des heutigen »Montagsspiels« der zweiten Liga entspricht. Es war der Versuch, ein Spiel exklusiv auszutragen, damit es live im Fernsehen gezeigt werden kann. Rätselhafterweise fiel die Wahl der Partie vom fünften Spieltag auf zwei Mannschaften aus dem unteren Drittel der Tabelle. Für den Gastgeber VfL Bochum war die Übertragung im dritten Programm ein Desaster. Es kamen nur 5000 Zuschauer, und vor dieser traurigen Kulisse machten auch die Spieler keine Werbung für ihren Klub: Bayer Uerdingen siegte im Ruhrstadion mit 4:1.

1988 Von Homburg und London

Am 10. Januar 1988 sorgt Manfred Ommer, Präsident des Bundesligisten FC Homburg, für einen veritablen Skandal: Er präsentiert kurz vor Saisonstart die Firma London Rubber Company als neuen Hauptsponsor des saarländischen Klubs. Die Funktionäre des DFB sind hellauf entsetzt, denn die Homburger sollen nicht für Reisen in die englische Hauptstadt werben, sondern für das wichtigste Produkt der Firma: Kondome. Beim Verband in Frankfurt sieht man das christliche Abendland untergehen. Da mag längst bewiesen sein, dass die Überzieher den einzig wirksamen Schutz vor AIDS bieten, da mögen Ingolf Lück oder Hella von Sinnen in einem TV-Spot für ihren Gebrauch werben und die Bundesministerin Rita Süssmuth ebenfalls – den DFB-Granden gelten Kondome immer noch als Synonym für Rotlicht, Schmuddel und Prostitution. Also verweigert der Ligaausschuss unter Vorsitz von Gerhard Mayer-Vorfelder die Zustimmung. In der Begründung heißt es, die Werbung verstoße gegen »Ethik und Moral«. Manfred Ommer passt die Empörung der DFB-Oberen prächtig ins Konzept. Das moralinsaure Getöse habe dafür gesorgt, so frohlockt Ommer, »dass jeder weiß, dass London unter anderem Kondome produziert«. Für gerade einmal 200.000 Mark, die die Firma nach Homburg überweist, ist das in in der Tat kein schlechtes Geschäft. Zunächst muss der Schriftzug des Sponsors bei Spielen mit schwarzem Klebeband unkenntlich gemacht werden, so verfügen es die Tugendwächter vom Ligaausschuss. Dann aber lässt Präsident Ommer seine Mannschaft ungeachtet des Gegenwindes vom DFB mit dem neuen Sponsor auf der Brust antreten. Zuvor hat er sich eine einstweilige Verfügung beim Landgericht Frankfurt besorgt. Als der DFB-Justitiar Götz Eilers vorsorglich Punktabzüge in Aussicht stellt, amüsiert das Trainer Slobodan Cendic umso mehr. Angesichts des letzten Platzes, auf dem der FC Homburg zu diesem Zeitpunkt residiert, fragt Cendic amüsiert: »Welche Punkte wollen sie uns denn abziehen?« Am Ende entscheidet das Frankfurter Gericht in der Hauptsache für den FC Homburg. Von Verstößen gegen Ethik und Moral könne nicht die Rede sein, urteilen die Richter, und geben ihren Segen für die Werbung des Kondomherstellers. Der hätte übrigens auch einen deutlich kürzeren Weg in die Bundesliga finden können. Sitz des Unternehmens ist Mönchengladbach.

Die erste Dekade: 1963/64–1972/73

Meiste Titel: FC Bayern München (3)

Zahl der unterschiedlichen Titelträger: 7

Mannschaft des Jahrzehnts:

Sepp Maier

Horst-Dieter Höttges, Wolfgang Weber, Franz Beckenbauer, Berti Vogts

Herbert Wimmer

Günter Netzer, Wolfgang Overath

Uwe Seeler, Gerd Müller, Lothar Emmerich

Aufsteiger des Jahrzehnts: FC Bayern München

Zum Start der Bundesliga hatten sich die Bayern nicht qualifizieren können, doch nachdem sie es 1965 endlich in die höchste Spielklasse geschafft hatten, begann die größte Erfolgsgeschichte des deutschen Fußballs. Mitaufsteiger der Münchner war übrigens der zweitbeste Neuling aller Zeiten: Borussia Mönchengladbach.

Tragischer Fall: Tasmania Berlin

Nie war ein Klub weniger bereit für die Bundesliga als Tasmania, die nur aufstiegen, weil Hertha BSC die Lizenz entzogen worden war, aber aus politischen Gründen ein Klub aus der Hauptstadt dabei sein musste. Sportlich war es ein Desaster, und immer noch hält der Klub fast alle Negativrekorde der Bundesliga.

Aufreger: Geld

Mit Gründung der Bundesliga wurde Fußball auch in Deutschland endlich ein Profisport. Doch der DFB begrenzte weiter die Bezahlung der Spieler, die Ablösesummen und ließ eine Schattenwirtschaft entstehen, die letztlich eine der Voraussetzungen für den verschobenen Abstiegskampf des Jahres 1971 wurde.

Im Tigerhaarmantel

Unter den Legionären in der Bundesliga waren immer wieder auch Exzentriker, Spaßmacher und Paradiesvögel.

Urs Güntensperger (Eintracht Frankfurt)

Der Verein vermeldete, der Spieler sei verletzungsbedingt in der Reha. In Wirklichkeit saß Urs Güntensperger eine dreimonatige Haftstrafe wegen Trunkenheit am Steuer ab. Damit der Schweizer Stürmer nicht beim Mannschaftsfoto fehlte, bekam er einen Tag Hafturlaub. Die Sache flog dennoch auf, in der Bundesliga bekam Güntensperger kein Bein mehr auf die Erde. Später mal befragt, ob er sich noch einmal mit Alkohol ans Steuer setzen werde, antwortete der Schweizer hübsch uneindeutig: »Man soll nie ›nie‹ sagen – trotzdem werde ich das nie wieder tun.«

Leonardo Manzi (FC St. Pauli)

Anfangs hielt man ihn wahlweise, wie die »Bild«, für einen Wunderstürmer (»Der kleine Pelé«) oder für ein seltenes Exemplar (»Der einzige Brasilianer, der nicht Fußball spielen kann«). Letzteres traf Manzis Talent und Spielvermögen wohl eher. Buchautor Kay Sokolowsky beschrieb wunderschön das vergebliche Streben des kantigen Südamerikaners: »Er rannte wie nicht gescheit den Platz hinauf und hinunter, stolperte über die eigenen Beine, forderte Bälle, ohne sie dann annehmen zu können, versiebte die schönsten Chancen, schnitt anschließend Grimassen wie der dumme August im Zirkus.« Die Fans am Millerntor liebten Manzi dennoch derart heiß und innig, dass auch andere davon profitieren wollten. So wie der frühere St. Pauli-Kicker Kingsley Afahaene, der sich am Türsteher der Hamburger Angeberdisko »Traxx« vorbeizuschmuggeln versuchte, indem er angab: »Ich bin Leonardo Manzi.«

Olli Isoaho (Arminia Bielefeld)

Lange bevor Oliver Reck wegen des einen oder anderen Fehlgriffs den Spitznamen »Pannen-Olli« verpasst bekam, machte der finnische Keeper dem Namen alle Ehre, besonders beim 1:11 im Dortmunder Westfalenstadion in der Saison 1982/83. Der

Torwart irrte hilflos im Strafraum umher und fing sich einen haltbaren Treffer nach dem anderen. Zuvor hatte er seine Mitspieler mit herrischen Kommandos weggescheucht. Mitspieler Frank Pagelsdorf erinnerte sich später mit Grauen: »Er hat fünfmal Leo gerufen, und sechsmal war der Ball drin.« Isoaho bestritt nur 15 Spiele für die Arminia, dann wechselte er frustriert nach Hongkong.

Alex Alves (Hertha BSC)

Alex Alves, den brasilianischen Stürmer von Hertha BSC, einen Exzentriker zu nennen, würde ihm nicht gerecht. Er war mehr als das, eine Diva der alten Schule nämlich. Er brach einen TV-Dreh ab, weil ihm das versprochene Schnitzelbrötchen vorenthalten wurde, und kletterte bei einer Computertomographie aus der Röhre, weil alles nicht schnell genug ging. Marschierte im weißen Tigerhaarmantel zur Weihnachtsfeier und trug ihn beharrlich im geheizten Festsaal. Und entschuldigte sich fürs Zuspätkommen beim Training mit der immer wieder gleichen, haarsträubenden Ausrede (»Die Schranke in der Tiefgarage ging nicht auf«).

Jacobus Prins (1. FC Kaiserslautern)

Er war einer der ersten ausländischen Spieler in der Bundesliga und hinterließ beim 1. FC Kaiserslautern, der ihn 1963 verpflichtete, einen bleibenden Eindruck. Der Holländer kam nämlich anders als die kreuzbraven deutschen Kollegen mit einem Cadillac zum Training, und seine Freizeit verbrachte Prins nicht wie die Kollegen vorwiegend in pfälzischen Kneipen, sondern im Mannheimer Rotlichtviertel, wo er den Leuten mit Zehn-Mark-Scheinen Feuer gab. Was andere von ihm hielten, war Prins ziemlich egal. Als er einmal ausgepfiffen wurde, zog er sich auf dem Platz die Hose herunter und präsentierte den Zuschauern seinen nackten Hintern.

Die effektivsten Torjäger der Bundesligageschichte

Jeder dieser Spieler hat in der Bundesliga mindestens 100 Tore erzielt. Wenn man ihre Trefferzahl ins Verhältnis zur Zahl der Spiele setzt, die sie dazu brauchten, ergibt sich eine ganz neue Reihenfolge in der ewigen Torschützenliste.

Rang Tore/Spiel		Zeitraum	Tore	Spiele	Tore/Spiel	Rang Tore
01.	**Gerd Müller**	1965–1979	365	427	0,85	● 01.
02.	**Lothar Emmerich**	1963–1969	115	183	0,63	▲ 34.
03.	**Horst Hrubesch**	1975–1985	136	224	0,61	▲ 17.
04.	**Jupp Heynckes**	1965–1978	220	369	0,60	▼ 03.
05.	**Mario Gomez**	seit 2004	127	215	0,59	▲ 22.
06.	**Dieter Müller**	1973–1986	177	303	0,58	▲ 07.
07.	**Uwe Seeler**	1963–1972	137	239	0,57	▲ 16.
07.	**Rudi Völler**	1980–1996	132	232	0,57	▲ 19.
09.	**Klaus Toppmöller**	1973–1979	108	204	0,53	▲ 40.
10.	**Ulf Kirsten**	1990–2003	182	350	0,52	▼ 05.
10.	**Karl-Heinz Rummenigge**	1974–1984	162	310	0,52	● 10.
12.	**Giovane Elber**	1994–2005	133	260	0,51	▲ 18.
13.	**Klaus Fischer**	1968–1988	268	535	0,50	▼ 02.
13.	**Jürgen Klinsmann**	1984–1997	110	221	0,50	▲ 37.
15.	**Ailton**	1998–2007	106	219	0,48	▲ 43.
15.	**Manfred Burgsmüller**	1969–1990	213	447	0,48	▼ 04.
15.	**Claudio Pizarro**	seit 1999	160	338	0,48	▼ 11.
18.	**Stéphane Chapuisat**	1991–1999	106	228	0,46	▲ 44.
19.	**Fritz Walter**	1983–1996	157	348	0,45	▼ 13.
19.	**Herbert Laumen**	1965–1974	121	267	0,45	▲ 27.
21.	**Dieter Hoeneß**	1977–1987	127	288	0,44	▲ 23.
21.	**Hannes Löhr**	1964–1977	166	381	0,44	▼ 09.
23.	**Kevin Kuranyi**	2001–2010	111	261	0,43	▲ 36.
23.	**Bernd Rupp**	1965–1974	119	274	0,43	▲ 31.
25.	**Klaus Allofs**	1975–1993	177	424	0,42	▼ 08.
25.	**Roland Wohlfarth**	1981–1997	120	287	0,42	▲ 30.
27.	**Stefan Kuntz**	1983–1999	179	449	0,40	▼ 06.

28.	**Thomas Allofs**	1978–1992	148	378	0,39	▼	14.
28.	**Miroslav Klose**	2000–2011	121	307	0,39	●	28.
30.	**Karl Allgöwer**	1980–1991	129	338	0,38	▼	21.
30.	**Fredi Bobic**	1994–2005	108	285	0,38	▲	41.
30.	**Bernd Hölzenbein**	1967–1981	160	420	0,38	▼	12.
33.	**Uwe Rahn**	1980–1993	107	318	0,34	▲	42.
34.	**Bernd Nickel**	1968–1983	141	426	0,33	▼	15.
35.	**Martin Max**	1989–2004	126	396	0,32	▼	24.
35.	**Frank Mill**	1976–1996	123	387	0,32	▼	26.
35.	**Christian Schreier**	1981–1992	106	331	0,32	▲	45.
38.	**Ronald Worm**	1972–1985	119	380	0,31	▼	32.
38.	**Bruno Labbadia**	1987–2000	103	238	0,31	▲	46.
40.	**Georg Volkert**	1965–1981	125	410	0,30	▼	25.
41.	**Pierre Littbarski**	1978–1993	116	406	0,29	▼	33.
42.	**Michael Zorc**	1981–1998	131	463	0,28	▼	20.
43.	**Marco Bode**	1989–2002	101	379	0,27	▲	47.
43.	**Thomas von Heesen**	1980–1997	100	378	0,27	▲	48.
45.	**Lothar Matthäus**	1979–2000	121	464	0,26	▼	29.
45.	**Andreas Möller**	1986–2004	110	429	0,26	▼	38.
47.	**Jürgen Grabowski**	1965–1980	109	441	0,25	▼	39.
48.	**Reiner Geye**	1971–1986	113	485	0,23	▼	35.

Seltsame Terminierung

Als am 15. August die Saison 1970/71 begann, hatten einige Bundesligisten bereits vier Pflichtspiele absolviert. Wegen der Vorbereitung auf die Weltmeisterschaft 1970 in Mexiko war nämlich der Pokalwettbewerb der Spielzeit 1969/70 auf die nächste Saison verlegt worden. Innerhalb von nur knapp fünf Wochen wurde er direkt nach der Sommerpause heruntergespielt. Das Finale wurde parallel zum dritten Bundesligaspieltag ausgetragen. Es siegte in Hannover mit 2:1 gegen den 1. FC Köln überraschend der Bundesligaaufsteiger Offenbacher Kickers, der in der Vorsaison, zu der diese Pokalrunde zählte, noch Regionalligist gewesen war. Somit hatte ein Zweitligist, der aber gar keiner mehr war, den Pokal gewonnen. Die neue Pokalsaison begann erst Mitte Dezember, das Finale erreichte wieder der 1. FC Köln und unterlag erneut mit 1:2, diesmal nach Verlängerung gegen Bayern München.

SCHRÄGE VÖGEL
Buffy Ettmayer

Die Geschichte ist oft erzählt worden. Wie Albert Sing, Trainer des VfB Stuttgart, seinen Spieler Hans »Buffy« Ettmayer auf die Bank setzte und als Begründung dessen offenkundigen Gewichtsprobleme nannte. Der so Gescholtene entgegnete patzig, er sei schon immer so füllig gewesen, was Sing wiederum lächerlich fand: »Es gibt Bilder von dir, da warst du dünner.« Aber auch dafür hatte Ettmayer eine naheliegende Erklärung: »Die sind wahrscheinlich mit einer Schmalfilmkamera gemacht worden.« Damit hätte die Geschichte ein gutes Ende, eine perfekte Pointe bekommen – doch sie ging noch weiter. Im darauffolgenden Spiel gegen den 1. FC Köln spielte Ettmayer wieder und knallte den Ball zum 1:0 unter die Latte. Anschließend spurtete er zu Trainer Sing und fragte vorsichtshalber nach: »Zählt das Tor? Schließlich hab ich, der Dicke, es geschossen!« Nach dem 2:0, ebenfalls durch Ettmayer, mussten die Mannschaftskollegen den Torschützen davon abhalten, abermals den Kontakt zum Trainer zu suchen.

All das war der Spieler Ettmayer. Wiener Spaßvogel mit sicherem Blick für die Pointe. Leistungsträger mit knallhartem Schuss. Und Lebemann mit dezent unprofessionellen Ernährungsgewohnheiten. Oder, wie Buffy selber sagte: »Ich bin halt ein Schlecker!« Dabei war nicht jeder Coach entsetzt über Ettmayers Bäuchlein. Hermann Eppenhoff, sein erster Coach beim VfB Stuttgart hatte ihm zwar zunächst eine Fastenkur verordnet, als der abgemagerte Ettmayer plötzlich keinen Ball mehr traf, bat ihn Eppenhoff händeringend: »Buffy, ich bitte dich, friss wieder!« Und so hangelte sich der Straßenfußballer aus Wien-Ottakring mit leichtem Übergewicht und losem Mundwerk durch die Karriere. Beinahe wäre er beim FC Bayern gelandet. Als sich ein »Robert Schwan von Bayern München« meldete, entgegnete Ettmayer prompt: »Und hier ist der Udo Jürgens aus Klagenfurt.« Am Ende war die Ablösesumme zu hoch und Ettmayer landete beim VfB. Von dort ging es zum Hamburger SV, später ließ er in Lugano und beim Freiburger FC die Karriere ausklingen. Trainer wie so viele andere wurde er nicht. »Das ist nicht meins. Und wenn der Herrgott mich eines Tages zu sich holt, dann will ich im Bett sterben, nicht auf der Bank.«

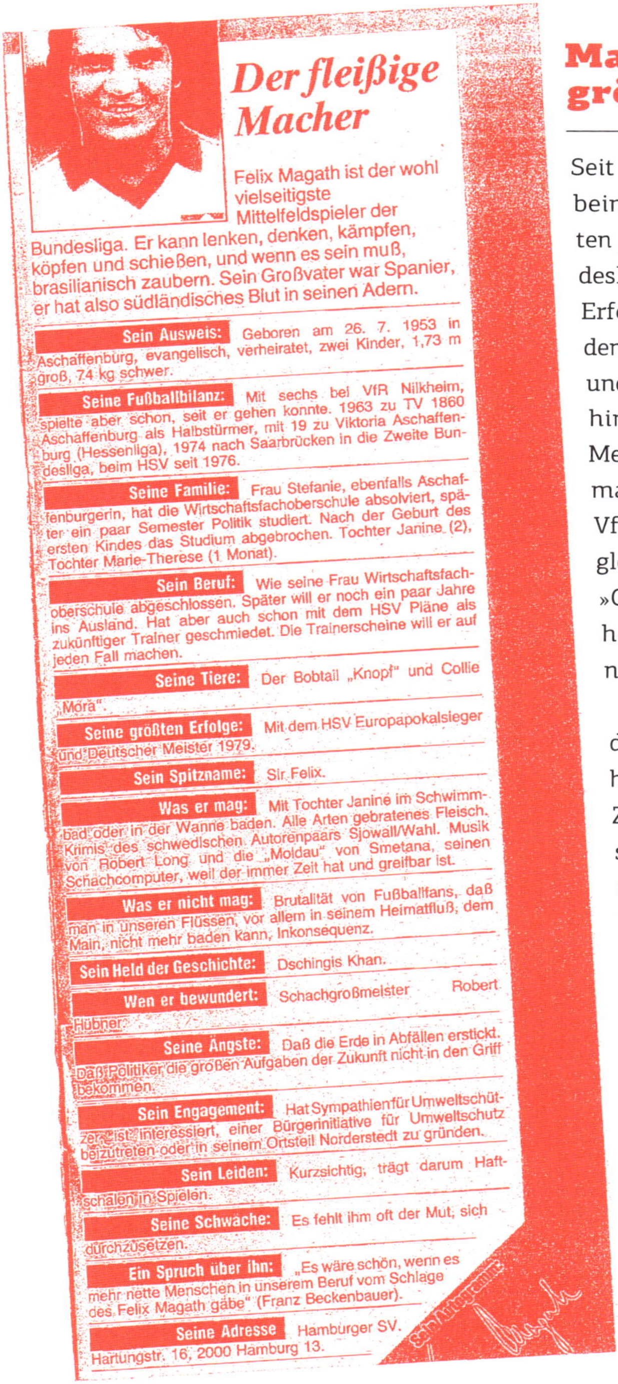

Der fleißige Macher

Felix Magath ist der wohl vielseitigste Mittelfeldspieler der Bundesliga. Er kann lenken, denken, kämpfen, köpfen und schießen, und wenn es sein muß, brasilianisch zaubern. Sein Großvater war Spanier, er hat also südländisches Blut in seinen Adern.

Sein Ausweis: Geboren am 26. 7. 1953 in Aschaffenburg, evangelisch, verheiratet, zwei Kinder, 1,73 m groß, 74 kg schwer.

Seine Fußballbilanz: Mit sechs bei VfR Nilkheim, spielte aber schon, seit er gehen konnte. 1963 zu TV 1860 Aschaffenburg als Halbstürmer, mit 19 zu Viktoria Aschaffenburg (Hessenliga), 1974 nach Saarbrücken in die Zweite Bundesliga, beim HSV seit 1976.

Seine Familie: Frau Stefanie, ebenfalls Aschaffenburgerin, hat die Wirtschaftsfachoberschule absolviert, später ein paar Semester Politik studiert. Nach der Geburt des ersten Kindes das Studium abgebrochen. Tochter Janine (2), Tochter Marie-Therese (1 Monat).

Sein Beruf: Wie seine Frau Wirtschaftsfachoberschule abgeschlossen. Später will er noch ein paar Jahre ins Ausland. Hat aber auch schon mit dem HSV Pläne als zukünftiger Trainer geschmiedet. Die Trainerscheine will er auf jeden Fall machen.

Seine Tiere: Der Bobtail „Knopf“ und Collie „Mora“.

Seine größten Erfolge: Mit dem HSV Europapokalsieger und Deutscher Meister 1979.

Sein Spitzname: Sir Felix.

Was er mag: Mit Tochter Janine im Schwimmbad oder in der Wanne baden. Alle Arten gebratenes Fleisch. Krimis des schwedischen Autorenpaars Sjowall/Wahl. Musik von Robert Long und die „Moldau“ von Smetana, seinen Schachcomputer, weil der immer Zeit hat und greifbar ist.

Was er nicht mag: Brutalität von Fußballfans, daß man in unseren Flüssen, vor allem in seinem Heimatfluß, dem Main, nicht mehr baden kann, Inkonsequenz.

Sein Held der Geschichte: Dschingis Khan.

Wen er bewundert: Schachgroßmeister Robert Hübner.

Seine Ängste: Daß die Erde in Abfällen erstickt. Daß Politiker die großen Aufgaben der Zukunft nicht in den Griff bekommen.

Sein Engagement: Hat Sympathien für Umweltschützer, ist interessiert, einer Bürgerinitiative für Umweltschutz beizutreten oder in seinem Ortsteil Norderstedt zu gründen.

Sein Leiden: Kurzsichtig, trägt darum Haftschalen in Spielen.

Seine Schwäche: Es fehlt ihm oft der Mut, sich durchzusetzen.

Ein Spruch über ihn: „Es wäre schön, wenn es mehr nette Menschen in unserem Beruf vom Schlage des Felix Magath gäbe“ (Franz Beckenbauer).

Seine Adresse: Hamburger SV, Hartungstr. 16, 2000 Hamburg 13.

Magaths größte Schwäche

Seit Wolfgang Felix Magath 1995 beim Hamburger SV seinen ersten Job als Cheftrainer in der Bundesliga angetreten ist, eilt er von Erfolg zu Erfolg. Er gewann mit dem FC Bayern zum bislang ersten und einzigen Mal in zwei Jahren hintereinander das Double aus Meisterschaft und DFB-Pokal und machte später den Provinzklub VfL Wolfsburg zum Meister. Zugleich gilt er als harter Hund, als »Quälix«, dessen Trainingseinheiten dem Grundwehrdienst nicht unähnlich sind.

Umso amüsanter liest sich der von Magath 1982 gewissenhaft ausgefüllte Fragebogen der Zeitschrift »Gong«, in dem der spätere Coach sich nicht nur als potentieller Öko-Aktivist bekennt (»Ist interessiert, einer Bürgerinitiative für Umweltschutz beizutreten oder im Ortsteil Norderstedt zu gründen«), sondern auch seinen sicher streitbaren Lieblingshelden der Geschichte benennt (»Dschingis Khan«). Am schönsten jedoch die ehrliche Antwort auf die Frage nach seiner größten Schwäche: »Es fehlt ihm oft der Mut, sich durchzusetzen.«

Fast-Bundesligisten

 Einige Klubs brauchten viele Anläufe, um schließlich aber doch in die Bundesliga aufzusteigen. Doch es gab auch jene, die mehrfach ganz nah dran waren und es nie schafften.

So oft wie keine anderen Mannschaften nahmen **Wacker 04 Berlin**, der **VfL Osnabrück** und der **FK Pirmasens** erfolglos an der Aufstiegsrunde zur Bundesliga teil, durch die von 1964 bis 1974 die beiden Aufsteiger aus den Regionalligen Nord, West, Südwest, Süd und Berlin ermittelt wurden. Je viermal versuchten sie es, aber nur Pirmasens scheiterte dabei wirklich knapp. 1966 musste der FKP aufgrund des schlechteren Torverhältnisses Fortuna Düsseldorf den Vortritt in die Bundesliga lassen. Das letzte Mal in die Nähe der höchsten Spielklasse kam der Klub aus der Pfalz 1975 als Zweiter der zweiten Liga Süd. Die Relegation gegen den Nordzweiten Bayer Uerdingen ging nach einem 4:4 im eigenen Stadion und einem 0:6 in Krefeld allerdings klar aus.

Die großen Tragöden unter den Fast-Aufsteigern hingegen kommen aus Kassel. Der KSV Hessen verpasste die Aufstiegs- bzw. Relegationsplätze zwischen 1982 und 1986 vier Mal in Folge um einen bzw. zwei Plätze. Tragisch dabei war, dass **Hessen Kassel** an den letzten Spieltagen eine bessere Position verspielte. Am 34. von 38 Spieltagen der Saison 1984/85 etwa übernahmen sie die Tabellenführung, verloren dann prompt beim späteren Absteiger Bürstadt und spielten daheim nur 1:1 gegen Hertha BSC. Dennoch fehlten aus den letzten beiden Spielen nur zwei Punkte für den Aufstieg – also ein Sieg. Doch nach einem 2:2 gegen Hannover 96 am vorletzten Spieltag, verlor Kassel das Quasi-Endspiel um die Zweitligameisterschaft beim 1. FC Nürnberg mit 0:2. Da die unmittelbaren Konkurrenten Hannover 96 und 1. FC Saarbrücken zur gleichen Zeit gewannen, rutschte Hessen Kassel auf den vierten Platz ab. Zwei Jahre später stieg der Klub aus der zweiten Liga ab und kehrte bislang nicht mehr dahin zurück.

Bundesligastadien mit Flussnamen

Donaustadion, Ulm
Dreisamstadion, Freiburg
Neckarstadion, Stuttgart*
Rheinstadion, Düsseldorf**
Ruhrstadion, Bochum***
Weserstadion, Bremen

*1992 umbenannt **2002 abgerissen ***2006 umbenannt

1973 Peter Krohn wird HSV-Präsident

Es war die Nachricht des Tages in allen Hamburger Zeitungen, als im November Dr. Peter Krohn zum neuen Präsidenten des Hamburger SV gewählt wurde. Der Nachfolger von Rechtsanwalt Horst Barrelet überraschte fortan den gediegenen Klub von der Rothenbaumchaussee mit neuen Ideen: Mal verpflichtete er Spieler nach Sichtung von Sportschau-Ausschnitten, mal lobte er als Torprämie Alkohol aus (»So viel Champagner, dass jeder mit seiner Freundin darin baden kann«), mal schickte er auserwählten Journalisten japanische Fernsehgeräte und mal ordnete er ein Showtraining an – mit Mike Krüger als Linienrichter und einem Musikkorps auf dem Rasen. Er führte eine krude Form der Basisdemokratie ein und hob die Aktion »Fans kaufen Stars« aus der Taufe. Wer zwei Mark mehr für seine Eintrittskarte zahlte, sollte mitentscheiden können, welchen neuen Star der HSV verpflichtet. Eine Kampagne, die schon erahnen ließ, dass Krohn von der Weisheit ausgebildeter Übungsleiter nicht allzu viel hielt. HSV-Trainer Kuno Klötzer etwa musste sich von Krohn die Aufstellung absegnen lassen und bisweilen auch die Taktik. Erwartungsgemäß fiel der Coach alsbald in Ungnade. Vor einem Europacup-Spiel in Edinburgh ließ der Vereinsobere die Reporter diskret wissen, er würde sich über eine Niederlage durchaus freuen: »Dann kann ich Kuno feuern!« Blöderweise gewann der HSV, also begab sich Krohn »missverstanden« auf sein Zimmer, »um bitterlich zu weinen«. Das größte Aufsehen erregte er jedoch nicht mit personellen Rochaden, sondern durch ein modisches Experiment. Im Sommer 1976 präsentierte Krohn, da schon als Präsident zurückgetreten und nur noch Manager, auf Sylt die neuen Heimtrikots des Hamburger SV – in sattem Pink, Ausweichfarben Rosa und Hellblau. Die entgeisterten Journalisten wurden belehrt, die sogenannte »Création Pierre Krohn« werde »Frauen für den Fußball interessieren« durch einen nicht zu übersehenden »erotischen Touch«. Der Ringelpiez blieb aus, schon 1978 spielte der HSV wieder in den klassischen rot-weißen Jerseys.

GROSSE KLUBS

Schalke 04

Mitglieder:	Platzierung ewige Tabelle:	Bundesliga-meisterschaften:	Abstiege:	Internationale Titel:
114.000	8	–	3	1

- Der FC Schalke 04 ist seit dem Umzug von der Glückauf-Kampfbahn ins Parkstadion 1973 nicht mehr im Stadtteil Schalke zu Hause, sondern in Gelsenkirchen-Erle.
- Schalkes schnellstes Bundesligator schoss Klaus Scheer am 4.3.1972 bei Borussia Dortmund nach 17 Sekunden.
- Rudi Assauer war nicht nur zweimal und insgesamt über 17 Jahre lang Manager von Schalke, verbeulte den DFB-Pokal und wurde zum »Cord-Mann 2003« gewählt, er saß auch zweimal für insgesamt vier Spiele als Interimstrainer auf der Bank.
- Von den fünf Vereinen aus dem Ruhrgebiet, gegen die Schalke in der Bundesliga gespielt hat, ist bei zweien die Bilanz negativ. Gegen Borussia Dortmund (28 S, 24 U, 29 N) ist das besonders schmerzhaft, gegen den MSV Duisburg (20 S, 12 U, 22 N) besonders verblüffend. Zumal die Duisburger der einzige Klub sind, gegen die Schalke auch über alle Jahre und alle Wettbewerbe hinweg eine negative Bilanz hat.
- Den legendären Versprecher von Carmen Thomas 1975 im »Aktuellen Sportstudio«, als sie von »Schalke 05« sprach, haben zwei männliche Kollegen seitdem noch übertroffen. Wolf-Dieter Poschmann schaltete ebenfalls im ZDF zum »SV Schalke«. Und Patrick Wasserziehr zog, noch bei »Premiere«, dem S04 zwei weitere Jahre ab und sprach von »Schalke 07«.
- Viele spätere Schalker Profis standen schon als jugendliche Fans in der Kurve, ob Manuel Neuer, Mike Hanke oder Martin Max. Einer, der es in die Bundesliga geschafft hat, aber nie von Schalke unter Vertrag genommen wurde, hätte es besonders verdient gehabt, für »Königsblau« zu spielen. Der Wattenscheider Thomas Langbein hat sich nämlich einst das Schalke-Emblem auf den Unterarm tätowieren lassen.
- Einen der einfallsreichsten Fangesänge widmete die Nordkurve einem Südamerikaner: »Hey Mister Uruguay, Dario Rodriguez, hau den Gegner von hinten um! Erst eins, dann zwei, dann drei, dann vier: Schienbeinbruch wir danken dir.« (Nach dem »Banana Boat Song« von Harry Belafonte.)

Eine bunte Truppe

Max Grün
SpVgg Greuther Fürth

Ulrich Braun
Arminia Bielefeld

Gunnar Weiß
VfB Stuttgart

Peter Schwarz
1. FC K'lautern

Willibald Weiss
Darmstadt 98

Danny Schwarz
SpVgg Unterhaching

Franz Roth
Bayern München

Rolf Blau
VfL Bochum

Gerhard Grau
Hertha BSC

Nico Braun
Schalke 04

Hartmut Weiß
VfB Stuttgart

Trainer: **Elek Schwartz**
Eintracht Frankfurt

Einige Rekordtorschützen

Trotz bescheidener Trefferzahl haben sie in den Rekordbüchern ihren festen Platz, denn niemand anders traf für diese Klubs in der Bundesliga häufiger.

Wolf-Ingo Usbeck, Tasmania Berlin	4 Tore
Dirk Anders, VfB Leipzig	8 Tore
Rolf Kucharski, Fortuna Köln	9 Tore
Hermann Lulka, Preußen Münster	9 Tore
Karl-Heinz Riedle, BW 90 Berlin	10 Tore
Hans van de Haar, SSV Ulm	11 Tore
Torsten Gütschow, Dynamo Dresden	12 Tore
Marcus Marin, Stuttgarter Kickers	13 Tore
André Breitenreiter, SpVgg Unterhaching	15 Tore
Uwe Freiler, FC Homburg	15 Tore
Dimitar Rangelow/Vasile Miriuta, Energie Cottbus	15 Tore
Erwin Hermandung, Alemannia Aachen	19 Tore
Roland Stegmayer, 1.FC Saarbrücken	19 Tore

Sprunghaft

Werder Bremen

1963/1964	10.
1964/1965	Meister

Eintracht Braunschweig

1965/1966	10.
1966/1967	Meister
1967/1968	9.

1.FC Nürnberg

1966/1967	10.
1967/1968	Meister
1968/1969	18.

FC Bayern München

1973/1974	Meister
1974/1975	10.

VfB Stuttgart

1983/1984	Meister
1984/1985	10.

1.FC Kaiserslautern

1989/1990	12.
1990/1991	Meister

1996/1997	Zweite Liga
1997/1998	Meister

Ich kann nur auswärts

Warum auch immer diese Spielern nur auswärts trafen, aber nie im eigenen Stadion, wissen sie vermutlich selber nicht.

Spieler	Team	Zeitraum	Tore
Edmund Becker	Karlsruher SC	1981–84	9
Robert Tesche	Arminia Bielefeld, Hamburger SV	2008–heute	7
Matthias Zimmermann	SpVgg Unterhaching	1999–2001	4
Florin Raducioiu	VfB Stuttgart	1997	4
Bernd Korzynietz	Borussia Mönchengladbach	2001–2004	4
Kevin-Prince Boateng	Hertha BSC	2006–2007	4
Jesus Junior	1. FC Nürnberg	2002–2003	4
Hans-Josef Hellingrath	Fortuna Düsseldorf, Hannover 96	1966–1971	4
Alois Schwartz	Stuttgarter Kickers MSV Duisburg	1991–1993	4
Horst Waclawiak	Hertha BSC	1963–1964	4
Marcel Risse	1. FSV Mainz 05	2010–heute	4
Mehmet Ekici	1. FC Nürnberg, Werder Bremen	2010–heute	4

Europas Fußballer des Jahres aus der Bundesliga

1970 **Gerd Müller** (FC Bayern München)
1972 **Franz Beckenbauer** (FC Bayern München)
1976 **Franz Beckenbauer** (FC Bayern München)
1977 **Allan Simonsen** (Borussia Mönchengladbach)
1978 **Kevin Keegan** (Hamburger SV)
1979 **Kevin Keegan** (Hamburger SV)
1980 **Karl-Heinz Rummenigge** (FC Bayern München)
1981 **Karl-Heinz Rummenigge** (FC Bayern München)
1996 **Matthias Sammer** (Borussia Dortmund)

Schmerz sei mein Meister! Die härtesten Spieler der Bundesliga

Es mag gesunde Härte geben, doch diese Spieler wussten auch, was ungesunde ist. Zu Zeiten, als das Foulspiel nicht so streng geahndet wurde wie heute, gaben sie die ganz harten Männer.

Detlef Pirsig

MSV Duisburg

»Er lief immer ohne Schienbeinschoner auf, was allerdings nicht bedeutete, dass man auf seine eigenen auch verzichten konnte«, durfte nicht nur Torjäger Klaus Fischer feststellen. Zehn Jahre lang sorgte Pirsig für eisige Vorahnungen kommenden Schmerzes bei gegnerischen Stürmern.

Uli Borowka

Borussia Mönchengladbach, Werder Bremen

Zweimal in Folge wurde »Die Axt« von den Bundesligaprofis zum unangenehmsten Abwehrspieler der Liga gekürt. »Ich habe die Stürmerkollegen auch immer gefragt, wer mich denn gewählt hat, aber keiner hat sich getraut, es zuzugeben. Die wussten alle, dass mit mir nicht gut Kirschen essen war«, sagt Borowka.

Jens Melzig

Dyn. Dresden, Bayer Leverkusen

»Dynamo hatte ein paar harte Jungs hinten drin, der schlimmste war Melzig«, stöhnte Wynton Rufer noch Jahre später. Der in Cottbus geborene Melzig verzichtete während des Spiels auf jedes Lächeln, das hätte sowieso nur zu Missverständnissen geführt.

Ernst Diehl

1. FC Kaiserslautern

Jahrzehntelang fürchteten sich die Gegner, auf dem Betzenberg anzutreten. Das Stadion war eng, die Zuschauer fanatisch, und auf dem Rasen wartete Ernst Diehl, der Meister des harten Tacklings. Am Ende waren die Gegner froh, halbwegs unbeschadet heimreisen zu können.

Helmut Rahner

Bayer Uerdingen

Im Herbst 1994 nannte »Bild« ihn »Rambo-Rahner«, nachdem sich Stürmer wie Karl-Heinz Riedle oder Giovane Elber über den Uerdinger beschwert hatten. Der findet noch heute: »Ganz ehrlich: ein größeres Kompliment kann man ja als Abwehrspieler gar nicht bekommen. Durch Trainer wie Gerland, Funkel oder auch Magath habe ich gelernt, immer an der Grenze des Erlaubten zu spielen.«

Horst-Dieter Höttges

Werder Bremen

Der Bremer war der erste wirkliche »Eisenfuß« der Bundesliga, der auch die Grundzüge der psychologischen Kriegsführung beherrscht haben soll. Angeblich soll er gerne mit dem Klassiker »Deine Frau geht gerade fremd« gearbeitet haben.

Dieter Schlindwein

Waldhof Mannheim, Bremen, Frankfurt, St. Pauli

Der Verteidigerschule des SV Waldhof verdanken wir knallharte Verteidiger wie die Förster-Brüder, Jürgen Kohler oder Christian Wörns. »Eisen-Dieter« verbreitete wohl den meisten Schrecken, in Hamburg sprach man zärtlich vom »Schleudertrauma Schlindwein«.

Dieter Schulz

Arminia Bielefeld

Dem Waffenarsenal der harten Männer fügte Dieter »Stopper« Schulz Anfang der siebziger Jahre die eingesprungene Fluggrätsche hinzu. Nach seiner aktiven Karriere eröffnete Schulz – übrigens von den Fans in Arminias Jahrhundertelf gewählt – die Gaststätte »Zum Stopper«.

Walter Frosch

FC St. Pauli

Leider konnte der Kultgrätscher seine Künste in der Bundesliga nur in zwei Spielzeiten für Kaiserslautern und den FC St. Pauli zeigen. Die 27 Gelben Karten in der Zweitligasaison 1976/77 waren indes ein Meisterwerk und bereiteten den Weg für die Gelbsperre.

Ein Tor würde dem Spieltag gut tun

Am 26. Spieltag 1989/90 fallen in neun Partien exakt elf Tore. Ein bis heute unerreichter Minusrekord in der Bundesliga.

23.03.1990	**20.00**	Eintracht Frankfurt – Bayer Leverkusen	**0:3** (0:0)
23.03.1990	**20.00**	FC 08 Homburg – Borussia Mönchengladbach	**1:3** (0:2)
24.03.1990	**15.30**	VfL Bochum – Bayern München	**0:0**
24.03.1990	**15.30**	Hamburger SV – St. Pauli	**0:0**
24.03.1990	**15.30**	Karlsruher SC – 1. FC Nürnberg	**0:0**
24.03.1990	**15.30**	1. FC Köln – Borussia Dortmund	**1:1** (0:1)
24.03.1990	**15.30**	SV Waldhof Mannheim – SV Werder Bremen	**0:0**
24.03.1990	**15.30**	VfB Stuttgart – 1. FC Kaiserslautern	**0:1** (0:1)
24.03.1990	**15.30**	Bayer Uerdingen – Fortuna Düsseldorf	**0:1** (0:1)

Die Autos hinter den Stars

Erster Weg zum Autohändler: Bundesligakicker investierten ihr erstes Monatsgehalt verlässlich in einen properen Sportwagen. Und wer richtig Raffinesse hatte, achtete wie Toni Schumacher darauf, dass auf dem Nummernschild gleich auch noch die Initialen des Eigners Platz fanden.

Glänzt, parkt und hat Platz:
Willi Schulz vom Hamburger SV und sein BMW 1800 TI vor dem Eigenheim.

Kupplung war gestern:
Franz Beckenbauer stellt seinen nagelneuen BMW Automatik 3.0 S vor.

Bertis Bolide:
Berti Vogts steigt in seinen brandneuen Porsche, den er unauffällig vor dem vollverklinkerten Eigenheim geparkt hat.

Ganz in Weiß:
Toni Schumacher schwört auf seinen schmucken Kadett Irmscher mit höchstpersönlichem Nummernschild.

Große Worte: Die Bundesliga über höhere Mathematik

»Da müssen wir uns um 1000 Grad drehen.«

Bremens Thomas Schaaf ist schon schwindlig.

»Saarbrücken bezwang Freiburg mit 1:1.«

Fernsehmoderator Klaus Schwarze vergibt zwei Punkte für beide.

»Unsere Chancen stehen 70:50.«

Torsten Legat rundet auf.

»Wir gewinnen heute 1:1.«

Klaus Schwarze? Nein, Edgar Geenen.

»Wenn man 0:5 verliert, ist man immer am Boden zerstört.«

Zumal wenn man 0:4 verloren hat, wie in diesem Fall Otto Rehhagel.

»Letztes Mal drei Treffer: zwei unten, zwei oben.«

Rudi Cerne hat an der Torwand einen im Sinn.

»Wenn du hinten die Null hältst, hast du immer einen Punkt hinten sicher!«

Gladbachs Max Eberl, scharfsinnig.

»Ihr fünf spielt jetzt vier gegen drei.«

Fritz Langner verwaltet den Überschuss.

»Wir dürfen nicht mehr Tore kassieren, als der Gegner schießt.«

Perfekter Matchplan von Friedhelm Funkel.

»Ich persönlich teile ein Fußballspiel in zwei Hälften ein: Die eine ist die erste Halbzeit, die andere die zweite.«

Revolutionäre Thesen von Konzepttrainer Heinz Lucas.

»3 mal 3 ist 6. Eigentlich wollte ich die 6 haben, die war schon besetzt.«

Maik Franz kann seine Rückennummer 33 schlüssig herleiten.

»Wenn man ein 0:2 kassiert, dann ist ein 1:1 nicht mehr möglich!«

Aleksandar Ristic resigniert.

»Der FC Bayern ist das Nullplusultra im deutschen Fußball.«

Non, Friedhelm Funkel.

»Ich glaube, dass der Tabellenerste jederzeit den Spitzenreiter schlagen kann.«

Berti Vogts, gewagt.

»Unsere Chancen, das Viertelfinale zu erreichen, stehen 50:50 oder 60:60.«

Hauptsache Gleichstand, Reiner Calmund.

Mike Werner

Mike Werner

Es ist eine bunte Truppe, die sich im Mai 1991 in einem Rostocker Plattenbauviertel auf den Weg macht. Acht Autos und ein Motorrad starten den wohl merkwürdigsten Meisterkorso der jüngeren Fußballgeschichte: Die Spieler des FC Hansa Rostock feiern die letzte Meisterschaft der DDR-Oberliga. So rumpeln die Autos durch die Straßen, ganz vorne Juri Schlünz im schwarzen Honda, als Schlusslicht sein Mannschaftskollege Mike Werner auf seiner MZ. Drei Monate später feiert Hansa sein Bundesligadebüt, und die größte Rostocker Attraktion für den neugierigen Westen ist eben jener Mike Werner. Denn er trägt eine Frisur, die im Westen schon seit Jahren aus der Mode gekommen ist. Anfang der Achtziger trugen Pierre Littbarski, Uwe Bein und viele andere den Vokuhila, jene Kombination aus Mecki und Heringsschwänzen im Nacken. Doch inzwischen wird sich im Westen mit dem Rasierer gekämmt. »Jetzt ist halt die Technowelle, und da rennen alle mit kurzem Haar rum«, kommentiert Mike Werner, der tapfer dagegenhält. Mit Schnäuzer, blondierter Bürste und Nackenhaaren, die erst kurz unter den Schulterblättern enden.

Dabei hatte sein Trainer Uwe Reinders verkündet: »Kein Spiel wegen der Haare!« Doch Werner war hart geblieben, obwohl ihm die lange Zottelmähne mitunter die Sicht versperrte: Sie ist für ihn ein Ausdruck persönlicher Freiheit. In seiner Jugend, beim Armeesportverein Vorwärts Frankfurt, galten Haare länger als vier Zentimeter quasi als Landesverrat. Als in seinem Tagebuch eine Zeichnung mit den Worten »Die Mauer muss weg« und »Udo Lindenberg« gefunden wurde, folgte die Strafversetzung zu Zweitligist Motor Eberswalde, dort ließ er die Haare wuchern.

Schließlich heuert er bei Hansa Rostock an, obwohl Coach Reinders auch Werners Übergewicht stört. Die Pfunde versucht er mit einer »Wodka-Bockwurst-Diät« loszuwerden: Drei Gläschen Schnaps und eine Bockwurst sollen die Kalorien im Zaum halten. Trotzdem absolviert Werner hundert Zweitliga-, aber nur zwei Bundesligaspiele. Nach der Saison 1995/96, in der Rostock sensationell Sechster wird, muss er seine Karriere wegen eines Kreuzbandrisses beenden. Heute sagt er: »Ich fand die Matte einfach geil. Wenn man vor dem Spiegel steht und sich schön findet, wieso sollte man dann seine Frisur ändern?«

Das Second Life des Reiner Calmund

Im Mai 2004 gab Reiner Calmund nach 28 Jahren bei Bayer 04 Leverkusen seinen Rücktritt als Geschäftsführer bekannt, dann ging es richtig los.

Oktober 2004 – Januar 2005 Moderation der Sendung »Big Boss« bei RTL.

Seit 2004 Vorträge, Lesereisen, Fernseh- und Werbeauftritte.

2005 Mitglied im Aufsichtsrat von Fortuna Düsseldorf.

2005 Auszeichnung »Goldene Pritsche« der »Prinzengarde der Stadt Düsseldorf Blau-Weiß« für »Humor, Fröhlichkeit und Mutterwitz«.

2006 Botschafter für die Fußball-Weltmeisterschaft der Menschen mit Behinderung.

2006 »Genießer des Jahres«.

2006 Botschafter der WM 2006 für Nordrhein-Westfalen und Internationaler EM-Botschafter 2008 der Stadt Klagenfurt.

2007 Auszeichnung »Goldene Schlemmerente« für Leistungen um den Kochgenuss

Seit 2007 Virtuelle Spielfigur in Second Life.

Seit 2007 Kolumnist bei »Express«: »Don Calli macht die Liga rund«.

2007 Ehrensenatorwürde der Kölner Karnevalsgesellschaft »Sr. Tollität Luftflotte e. V. von 1926« wegen großer Verdienste um den Fußballsport und den Karneval.

Seit November 2007 Jury-Mitglied in der Kochshow »Die Kocharena« auf Vox.

Seit 2008 Videoblog auf Calli.tv

2008 Beirat des österreichischen Fußballklubs Austria Kärnten.

2008 Buchveröffentlichung: »fußballbekloppt!«

Sommer 2007 – Mai 2008 Aktion »Iron Calli« in Stern TV auf RTL, wo Calmund 30 Kilogramm abnimmt und schließlich einen Halbmarathon absolviert.

2009 Herbert-Award für den »Sportspruch des Jahres 2008«.

2010 Callis kleines Fußballmärchen auf Kika.

2010 Ehrenkommissar des Polizeipräsidiums Bonn.

Seit Juni 2010 Berater bei Dynamo Dresden.

Seit 2010 Kolumnist »BZ«, Berlin.

Seit 2011 Werbebotschafter einer Textilmarktkette.

2011 Buchveröffentlichung: »Eine Kalorie kommt selten allein«.

Seit 2012 Werbebotschafter eines Unternehmens für Büroartikel, einer Firma für Küchengeräte und eines Grillherstellers.

2012 Umzug vom Rheinland nach Saarlouis – zur »Entschleunigung«.

Mehr als 100.000 Follower auf Twitter und über 30.000 Facebook-Freunde sind seitdem gespannt, mit welchen Aktivitäten der Entschleunigte noch aufwarten wird.

Vorläuferklubs

Diese Vereine gingen durch Fusionen mit späteren Bundesligisten in diese auf, konnten sich aber leider mit ihren Namen nicht durchsetzen.

SC Sülz 07	▸ **1. FC Köln**
Deutsche Flagge	▸ **Borussia Dortmund**
FC Falke 06	▸ **Hamburger SV**
FC Siegfried	▸ **Arminia Bielefeld**
Marianische Jünglings Congegration	▸ **Borussia Mönchengladbach**
BSG Zeche Centrum Morgensonne	▸ **Wattenscheid 09**
Volkssport und Kulturverein	▸ **VfL Wolfsburg**
TSG Vohwinkel 80	▸ **Wuppertaler SV**
Kronenklub 1897	▸ **VfB Stuttgart**
FV Malstatt-Burbach	▸ **1. FC Saarbrücken**
Berliner Tennis- und Ping-Pong Gesellschaft	▸ **Tennis Borussia Berlin**
SuS Emscher	▸ **Rot-Weiss Essen**
FC Palatia 1901	▸ **1. FC Kaiserslautern**
Sparkassen-Verein 1927	▸ **Fortuna Köln**
BSG der I.G. Farbenindustrie AG	▸ **Bayer Leverkusen**

1986 Jürgen Wegmann rettet Borussia Dortmund

Jürgen Wegmann erinnert sich, als wäre es gestern gewesen. An ein Spiel am Abgrund, an sein Tor in der letzten Minute. Am 19. Mai 1986 bestreitet Borussia Dortmund das zweite Relegationsspiel um den Verbleib in der ersten Bundesliga, und es sieht nicht gut aus für die Westfalen. Das Hinspiel hat Gegner Fortuna Köln vor 47.000 Zuschauern im Müngersdorfer Stadion mit 2:0 gewonnen, und nun liegen die Fortunen schon wieder mit 1:0 vorne. Drei Tore muss die Borussia aufholen, um ein drittes Spiel zu erzwingen. In der Halbzeit herrscht Totenstille in der Kabine, eine ohnehin schon völlig verkorkste Saison voller Querelen scheint ihrem schaurigen Tiefpunkt entgegenzustreben. Da beweist Wegmann seherische Fähigkeiten, wird bei Trainer Reinhold Saftig vorstellig und verhängt ein persönliches Auswechselverbot: »Herr Saftig, ich muss bis zur 90. Minute spielen, das ist wichtig, das ist entscheidend.« Wie entscheidend, ahnt wohl auch Wegmann nicht. Doch plötzlich stürmt die Borussia und bekommt Rückenwind von den Rängen des überfüllten Westfalenstadions. Kölns Gede läuft Ingo Anderbrügge um, Zorc verwandelt den Elfmeter zum Ausgleich. Eine Viertelstunde später trifft Regisseur Marcel Raducanu zum Führungstreffer, die Ränge beben. Es folgt eine epische Abwehrschlacht, mit Mann und Maus und viel Glück schlagen die Fortunen die Bälle aus dem Strafraum. Dass Anderbrügge zwanzig Sekunden vor Schluss auf dem rechten Flügel losdribbelt, ist nicht viel mehr als eine Verzweiflungstat. Eine ungezielte Flanke in den Strafraum, Kölns tapferer Keeper Jarecki kann den Ball nicht festhalten, Wegmann stolpert ihn mit letzter Kraft hinein zum 3:1. Das dritte Spiel ist erreicht!

Der Rest ist Jubel. Und Slapstick. Denn um mehr Zeit zu bekommen, seine demoralisierten Kicker wieder aufzurichten, reicht Kölns Mäzen Jean Löring einen Sammelkrankenschein für acht seiner Spieler ein. Die Partie wird verschoben, den Kölnern hilft das allerdings auch nicht. Im Düsseldorfer Rheinstadion (Foto) fertigt Borussia die Fortuna mit 8:0 ab. Es hätte noch höher ausfallen können.

Bundesligaspieler mit Schnauzbart

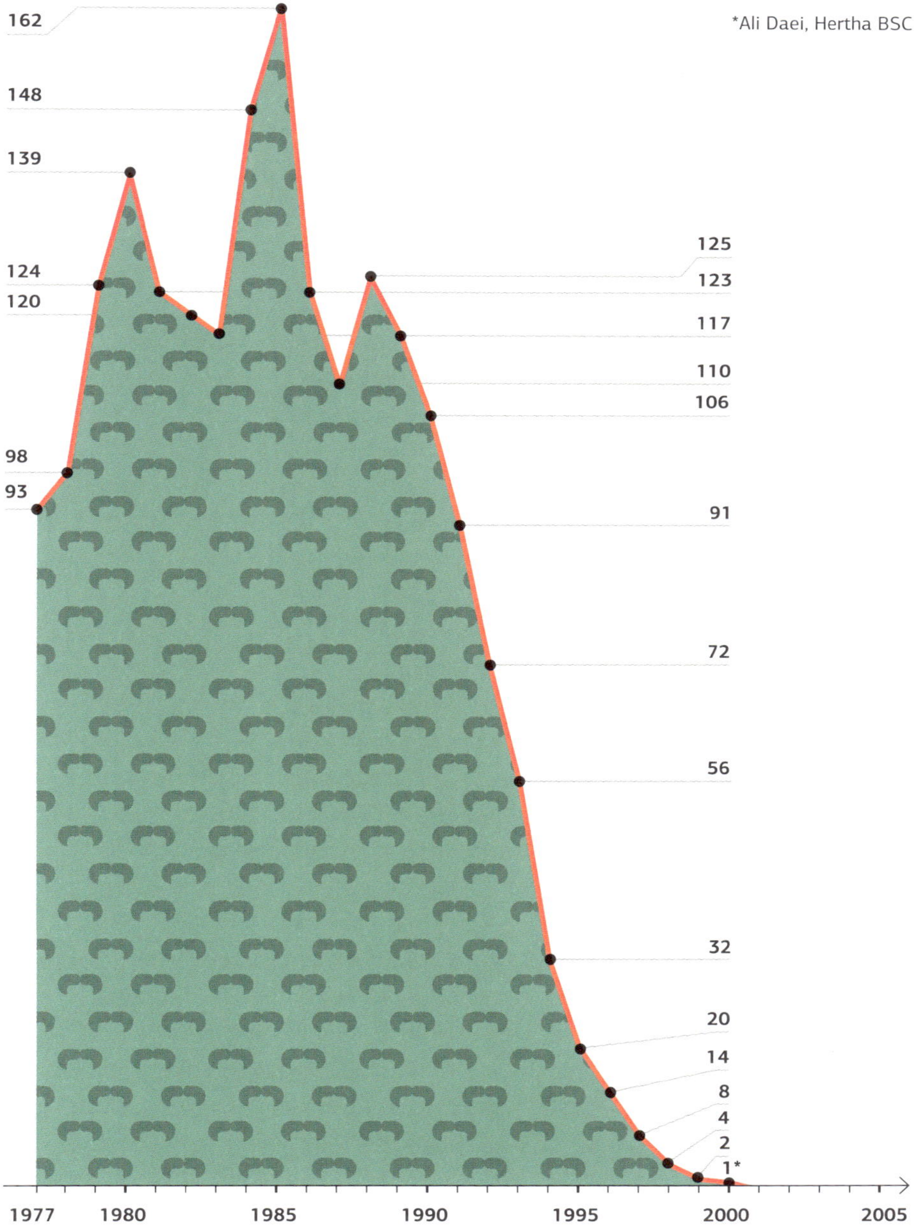

*Ali Daei, Hertha BSC

Krönungsorte

Wo und an welchem Spieltag die Meisterschaften gesichert waren.

Saison	Meister	Gegner	Spieltag	Ort
2011/2012	Borussia Dortmund	Borussia Mönchengladbach	32.	H
2010/2011	Borussia Dortmund	1. FC Nürnberg	32.	H
2009/2010	FC Bayern München	Hertha BSC	34.	A
2008/2009	VfL Wolfsburg	Werder Bremen	34.	H
2007/2008	FC Bayern München	VfL Wolfsburg	31.	A
2006/2007	VfB Stuttgart	Energie Cottbus	34.	H
2005/2006	FC Bayern München	1. FC Kaiserslautern	33.	A
2004/2005	FC Bayern München	1. FC Kaiserslautern	31.	A
2003/2004	Werder Bremen	FC Bayern München	32.	A
2002/2003	FC Bayern München	VfL Wolfsburg	30.	A
2001/2002	Borussia Dortmund	Werder Bremen	34.	H
2000/2001	FC Bayern München	Hamburger SV	34.	A
1999/2000	FC Bayern München	Werder Bremen	34.	H
1998/1999	FC Bayern München	Hertha BSC	31.	H
1997/1998	1. FC Kaiserslautern	VfL Wolfsburg	33.	H
1996/1997	FC Bayern München	VfB Stuttgart	33.	H
1995/1996	Borussia Dortmund	TSV 1860 München	33.	A
1994/1995	Borussia Dortmund	Hamburger SV	34.	H
1993/1994	FC Bayern München	FC Schalke 04	34.	H
1992/1993	Werder Bremen	VfB Stuttgart	34.	A
1991/1992	VfB Stuttgart	Bayer 04 Leverkusen	38.	A
1990/1991	1. FC Kaiserslautern	1. FC Köln	34.	A
1989/1990	FC Bayern München	FC St. Pauli	32.	H
1988/1989	FC Bayern München	Bayer Uerdingen	32.	H
1987/1988	Werder Bremen	Eintracht Frankfurt	31.	A
1986/1987	FC Bayern München	Bayer Uerdingen	32.	H
1985/1986	FC Bayern München	Borussia Mönchengladbach	34.	H
1984/1985	FC Bayern München	Eintracht Braunschweig	34.	H
1983/1984	VfB Stuttgart	Hamburger SV	34.	H
1982/1983	Hamburger SV	FC Schalke 04	34.	H
1981/1982	Hamburger SV	Karlsruher SC	34.	H

1980/1981	FC Bayern München	Borussia Mönchengladbach	33.	A
1979/1980	FC Bayern München	Eintracht Braunschweig	34.	H
1978/1979	Hamburger SV	Arminia Bielefeld	33.	A
1977/1978	1. FC Köln	FC St. Pauli	34.	A
1976/1977	Borussia M'gladbach	FC Bayern München	34.	A
1975/1976	Borussia M'gladbach	Kickers Offenbach	33.	A
1974/1975	Borussia M'gladbach	Eintracht Braunschweig	33.	H
1973/1974	FC Bayern München	Kickers Offenbach	33.	H
1972/1973	FC Bayern München	1. FC Kaiserslautern	30.	H
1971/1972	FC Bayern München	FC Schalke 04	34.	H
1970/1971	Borussia M'gladbach	Eintracht Frankfurt	34.	A
1969/1970	Borussia M'gladbach	Hamburger SV	33.	H
1968/1969	FC Bayern München	Kickers Offenbach	32.	H
1967/1968	1. FC Nürnberg	FC Bayern München	33.	A
1966/1967	Eintr. Braunschweig	1. FC Nürnberg	34.	H
1965/1966	TSV 1860 München	Hamburger SV	34.	H
1964/1965	SV Werder Bremen	1. FC Nürnberg	30.*	A
1963/1964	1. FC Köln	Borussia Dortmund	28.*	H

*von 30 Spieltagen

Oliver Bierhoff in der Bundesliga

Der Manager der deutschen Nationalmannschaft hatte seine erfolgreichste Zeit als Mittelstürmer in der italienischen Serie A. Zwischen 1991 und 2003 machte er für Brescia, Udinese, den AC Mailand und Chievo Verona 320 Spiele und schoss dabei 150 Tore. In der Saison 1997/98 war er mit 27 Treffern für Udinese Calcio sogar Torschützenkönig in Italien. Fast vergessen hingegen sind seine Jahre in der Bundesliga, wo er 1986 zunächst bei Bayer Uerdingen debütierte, in den ersten beiden Spielzeiten 31 Mal spielte und vier Tore schoss. Es folgten 34 Spiele und sechs Tore in anderthalb Spielzeiten für den Hamburger SV und der Wechsel Anfang 1990 zu Borussia Mönchengladbach. Dort endete nach sechs Spielen ohne Tor seine Bundesligakarriere. Vermutlich hatte Bierhoff in den ersten Jahren noch »Füße aus Malta«, wie Rudi Völler einmal gehässig anmerkte, bevor in Italien neue angeschraubt wurden.

1991 Frank Ordenewitz macht et

Es läuft die 79. Minute im Halbfinale des DFB-Pokals zwischen dem 1. FC Köln und dem MSV Duisburg, als Frank Ordenewitz beim Stande von 3:0 für die Kölner in höchster Not an die Seitenlinie eilt. Der Kölner Stürmer ist zuvor verwarnt worden. Da es die zweite Gelbe Karte im Wettbewerb war, wäre Ordenewitz also fürs Finale gesperrt. Die Lösung: über eine Rote Karte die Sperre in die Bundesliga verlegen. Derlei Platzverweise ziehen 1991 nämlich allenfalls eine Geldstrafe, im ärgsten Falle eine kurze Sperre für ein Bundesligaspiel nach sich. Im Pokalfinale wäre Ordenewitz also wieder spielberechtigt. Der Herr ist mein Zeuge, denkt sich Trainer Erich Rutemöller und gibt die Absolution: »In Gottes Namen, Otze, dann macht et!« Der Stürmer vernimmt die frohe Kunde und knallt den Ball fünf Minuten vor Schluss auf die Tribüne, in freudiger Erwartung der Roten Karte. Die wird dem Stürmer umgehend gezeigt, und Ordenewitz wäre wohl wie vorgesehen im Pokalfinale in Berlin aufgelaufen, hätte Rutemöller nicht nach dem Spiel den Geheimplan vor den Reportern ausgebreitet. Ein Sturm der Entrüstung geht auf den jungen Kölner Coach nieder, der Tage später gedrückt zu Protokoll gibt: »Ich hab sehr gelitten, kaum geschlafen, aber Alpträume hatte ich nicht.« Wie auch, möchte man einwenden, er hat ja kaum geschlafen. Immerhin kann sich Rutemöller der Solidarität seiner Kollegen sicher sein, zum Beispiel durch Winfried Schäfer (»Etwas Dümmeres habe ich noch nie erlebt«) und Udo Lattek (»Amateur«). Das humorlose DFB-Sportgericht sperrt Ordenewitz jedenfalls für genau ein Spiel, nämlich das Pokalfinale. Mittelbar führt die Kölner Posse zu einer Regeländerung. Noch im selben Jahr wird die Gelb-Rote Karte eingeführt, die als Strafe ein Spiel Sperre im gleichen Wettbewerb vorsieht.

Lustige Mannschaft: Braunschweig 1973

Zunächst waren die Jacketts, auf Falte gebügelten Hosen und farbenfrohen Krawatten des Sponsors Jägermeister ungewohnt für die Lizenzspieler von Eintracht Braunschweig – zumal auf nüchternen Magen.

Tabellenführer mit negativer Tordifferenz

MSV Duisburg am 22. Spieltag der Saison 1993/94:
Punkte: 27:17 **Tore:** 29:30

Verpasste Meisterfeier

Meisterschaft gewonnen, ab zum Flughafen, Live-Übertragung der Landung, Autokorso im offenen Cabrio, Empfang auf der Bühne, betrunken den Zehntausenden zuwinken, so ungefähr sieht es heute aus, wenn man den Titel gewinnt. 1965 indes war das ganz anders. Am letzten Spieltag, dem 15. Mai, gewann Werder Bremen mit 3:2 beim 1. FC Nürnberg, und damit stand die erste Deutsche Meisterschaft der Vereinsgeschichte fest. Doch die Bremer eilten beileibe nicht umgehend zum Feiern nach Hause, sondern machten am nächsten Tag auf dem Rückweg noch Station. Aber nicht zum Auffüllen der Getränkevorräte. Der Mannschaftsbus steuerte das Willy-Sachs-Stadion in Schweinfurt an, dort war noch ein Freundschaftsspiel gegen die örtlichen 05er zu absolvieren.

GROSSE KLUBS

SV Werder Bremen

Mitglieder:	Platzierung ewige Tabelle:	Bundesliga-meisterschaften:	Abstiege:	Internationale Titel:
40.400	**2**	**4**	**1**	**1**

- Der Vorgängerklub des SV Werder, der Fußballverein Werder von 1899, wurde von Schülern gegründet, die bei einem Tauziehwettbewerb einen Fußball gewonnen hatten.
- Dass mit Otto Rehhagel und Thomas Schaaf zwei Langzeittrainer unterwegs waren und sind, hinderte Werder nicht, mitunter die Übungsleiter kurzfristig rauszuschmeißen. Fritz Rebell blieb von Juli 1969 bis März 1970, sein Nachfolger Hans Tilkowski von März bis Juni 1970. Und Otto Rehhagels erste Amtszeit dauerte auch nur dreieinhalb Monate, vom 29. Februar 1976 bis zum 12. Juni 1976.
- Ein einziges Gegentor kassierte Werder Bremen in der Spielzeit 1992/93 daheim. Christian Ziege vom FC Bayern München war der Einzeltäter.
- Das Bremer Weserstadion befindet sich auf dem Peterswerder, einer ehemaligen Flussinsel, die auch für den Vereinsnamen Pate stand.
- Der SV Werder stellte in der Bundesligageschichte acht »Fußballer des Jahres«, allerdings gewannen nur Rudi Völler (1983), Ailton (2004) und Miroslav Klose (2006) die deutsche Variante. Die anderen Preisträger: Rune Bratseth (1991, 1992, 1994 in Norwegen) und Wynton Rufer (1989, 1990, 1992 in Ozeanien) sowie Andreas Herzog (1992 in Österreich), Raphael Wicky (1998 in der Schweiz) und Petri Pasanen (2008 in Finnland).
- Neben dem 1. FC Köln, dem FC Bayern und Borussia Dortmund ist Werder Bremen der einzige Klub, der das Double aus Meisterschaft und Pokal holte.
- Beinahe wäre Anfang der Siebziger Günter Netzer zu Werder Bremen gewechselt. Der Transfer scheiterte, weil Netzer auch die Stadionzeitung »Werder-Echo« herausgeben wollte. Der Klub lehnte ab.
- Die Saison 1980/81 blieb die einzige Zweitligasaison der Vereinsgeschichte. 30 Siege und 8 Unentschieden bedeuteten das beste Zweitligaergebnis aller Zeiten in absoluten Punkten.
- Marco Bode ist Bremens Rekordtorschütze in der Bundesliga und bleibt es auch vorläufig, die zwanzig hinter ihm platzierten Torschützen sind alle nicht mehr aktiv oder nicht mehr beim SV Werder wie Claudio Pizarro.

Pferdefreunde

Es muss wohl mal ein Forschungsprojekt dazu gestartet werden, woher eigentlich diese besondere Affinität zwischen Fußballspielern und Pferden rührt. Diese Notizen von reitenden Kickern sind nämlich nur die Spitze des Sattels.

+++ Klaus Allofs kaufte von seinem ersten Gehalt als Fußballprofi den Galopper »Wadima« und investierte im Laufe der Jahre in weitere 30 bis 40 Pferde. Auf Reisen ist er Rennbahn-Groundhopper und nutzt jede Chance, sich ihm unbekannte Rennbahnen anzuschauen. +++ Der Kölner Torhüter Gerhard Welz kaufte Anfang der siebziger Jahre für 8000 Mark ein Pferd, um damit im Kölner Stadtwald ausreiten zu können. Wegen der Verletzungsgefahr verbot ihm der Klub die Reiterei und Welz musste das Tier wieder verkaufen. +++ Schon im Ruhrgebiet züchtete der ehemalige Bochumer Hermann Gerland Pferde, später machte er auf seinem Bauernhof in Ostwestfalen weiter, und heute hat Bayerns Co-Trainer in Taufkirchen eine eigene Pferdezucht. +++ Eintracht-Legende Karl-Heinz Körbel hatte schon als Spieler sein erstes Pferd, seine Tochter Carla ist Dressurreiterin. +++ Markus Münch gründete nach seiner Bundesligakarriere beim FC Bayern München, in Leverkusen, Köln und Mönchengladbach Anfang 2012 den Galopprennstall »mm racing stables« mit elf Pferden. +++ Philipp Lahm kaufte sich 2008 die Stute »Surabaja«. +++ Ailton ist ein so großer Pferdefreund, dass er, als er noch für Schalke spielte, sogar einmal zum Training geritten kam. +++ Hannes Bongartz ist dem Trabrennen verfallen, 1997 wurde er mit seinem Pferd Andy Diamond sogar Deutscher Amateurmeister. +++ Bongartz ist aber nicht der einzige Schalker auf der Trabrennbahn, früher wurde er vom inzwischen verstorbenen Rolf Rüssmann, Klaus Fischer, Klaus Fichtel oder Norbert Nigbur begleitet. +++ Fischer trat als Traberbesitzer zumeist unter dem Decknamen »Stall MST« auf, das Kürzel stand für »Mittelstürmer«. Der Stall von Nigbur heißt Red Top. +++ Claudio Pizarro gründete in Bremen mit seinem damaligen Werder-Mitspieler Tim Borowski den »Stall 24«, eines der Pferde hieß »Potthoff«, nach der Sekretärin von Uli Hoeneß. +++ Gemeinsam mit seinem Berater Roger Wittmann kaufte Mario Basler den Galopper Igor Font für 50.000 Dollar, der Hengst kam auf eine Gewinnsumme von mehr als 600.000 Euro. Der Marktwert wurde zwischenzeitlich auf sieben Millionen Euro geschätzt. +++

1994 Hilfe, eine Frau!

Als im Frühjahr 1994 die erst 27 Jahre alte Britta Steilmann Managerin für Vermarktung, Imagepflege und Öffentlichkeitsarbeit beim Bundesligisten Wattenscheid 09 wurde, war der Teufel los. Die Tochter des Vereinspatriarchen Klaus Steilmann, der sie seit dem zweiten Lebensjahr mit ins Stadion genommen hatte, war die erste weibliche Führungskraft der Bundesligageschichte (und die vorletzte). Ihr Ziel, »Wattenscheid so bekannt zu machen wie Schalke oder Bayern München«, schien sie angesichts der Dauerpräsenz in allen Medien aus dem Stand zu erreichen. Dem Fußballpublikum machte es die Öko-Managerin 1993 aber gleich in mehrfacher Hinsicht nicht leicht, sich für eine Frau an entscheidender Stelle zu begeistern. Einerseits wollte die Macherin von Ökomode beim bescheidenen Vorortklub ihre hochfliegende Ideen vom »sozial-ökologischen Fußball« umsetzen, inklusive »biologisch-dynamischer Vereinsküche«. Dann war sie insgesamt doch sehr vollmundig, wenn sie etwa mit Blick auf neue Kollegen wie Uli Hoeneß verkündete, sie könne nicht erkennen, »wo die besser sind«.

Vor allem aber durfte die »Bild«-Zeitung schon bald titeln: »1. Trainer von Frau gefeuert!« »Fräulein Steilmann«, wie der »Spiegel« sie gehässig nannte, sorgte nämlich dafür, dass Hannes Bongartz entlassen wurde. Die Trennung erklärte sie als quasi therapeutisch. Zwischen ihrem Vater und dem Trainer habe eine Vater-Sohn-Beziehung bestanden, wobei Bongartz innerlich schon gekündigt habe, Steilmann aber nicht enttäuschen wollte. »Es war wichtig, dass es zum Bruch zwischen beiden kam.« Am Ende der Saison stieg Wattenscheid 09 dennoch ab und sie im Laufe der ersten Zweitligasaison aus. Es sollte bis 2003 dauern, bis mit Katja Kraus als Vorstandsmitglied beim Hamburger SV die nächste Frau die Führungsebene eines Bundesligaklubs erreichte.

Ehrenmänner

Mit einem Telefunken 204 TS nahm Offenbachs Präsident Horst-Gregorio Canellas die Verhandlungen mit Spielern auf, die gegen Geld gerne mal neben den Ball traten. Aber auch sonst wurde im Bundesligaskandal des Jahres 1971 viel geredet.

»Für 100.000 gewinnt Offenbach bei uns in Köln das Spiel. Is' dat ein Wort?«

Kölns Torwart Manfred Manglitz.

»Budde, geh zur Seite!«

Schalkes Keeper Dieter Burdenski wird erst während des Spiels informiert.

»Aber lassen Sie sich von dem Kerl eine Quittung geben.«

Canellas gibt wertvolle Hinweise.

»Das mieseste Geschäft meines Lebens.«

Rolf Rüssmann, Schalke 04, geläutert.

»Man werfe mir den Canellas nach und Weiber.«

Bielefelds Trainer Piechaczek nach dem vorläufigen Nichtabstieg.

»Vom anderen Verein bekommen wir jetzt mehr – 220 000 Mark in bar.«

Herthas Tasso Wild als Auktionator.

»Boss, wir müssen Spiele kaufen, sonst sind wir draußen.«

Rudi Gutendorf als Mahner in der Wüste.

»Lauf doch durch!«

Guter Rat von Alfons Stemmer, 1860 München, an Uwe Klimaschefski, Hertha BSC.

»Ich bitte nicht, dass mir Gott hilft. Aber ich bitte Gott, dass er auch meinen verdammten Feinden nicht hilft.«

Peter Maaßen, Präsident von Rot-Weiß Oberhausen, fordert Gerechtigkeit.

»Sie, dat mit der Quittung is' aber ein Ei. Die muss ich zurückhaben, damit da nich' wat Dummes passiert.«

Manfred Manglitz will Beweismittel vernichten.

»Gestern war schon einer von Bielefeld da. Aber noch haben wir uns nicht entschieden.«

Herthas Bernd Patzke hält Hof.

»Ich habe fünf Mann auf meiner Seite, aber keiner weiß was vom anderen.«

Manfred Manglitz, trickreich.

»Wir können gar nicht so schnell siegen, wie die anderen schmieren.«

Peter Kunter, Eintracht Frankfurt, resigniert.

Der andere Profi

»Der andere Profi« war eine Erfindung der achtziger Jahre und als solcher die Projektionsfläche »des anderen Fußballfans«, der davon träumte, dass auf dem Rasen einer herumläuft, der auf eine Weise anders ist wie er selbst auf den Rängen. Dieses Anderssein drückte sich vor allem kulturell aus, weil »der andere Profi« ähnliche Bücher las (oder überhaupt welche), Musik hörte, sich politisch engagierte und vom Fußballgeschäft so irritiert war wie viele Fans. Dabei hatte jedes Jahrzehnt seinen Prototyp.

70er und 80er Jahre – Ewald Lienen
Der Ostwestfale erfand das Konzept des »anderen Profis«, weil er sich mit langen Haaren und Spitzbart nicht nur optisch von seinen Berufskollegen absetzte. Lienen verweigerte auch das Schreiben von Autogrammen, weil er dem Personenkult um Fußballprofis keinen Vorschub leisten wollte. Schrotete im Trainingslager sein Müsli selber und war fanatischer Temperenzler, wenn es um Alkohol und Nikotin ging. War zur Freude der Journalisten auch auf dem Platz Linksaußen, denn Lienen engagierte sich politisch in der Friedensbewegung und gründete die »Vereinigung der Vertragsspieler« als Interessenvertretung für Fußballprofis mit.

90er Jahre – Yves Eigenrauch
Spielte über zehn Jahre für Schalke 04 und gehörte zu den »Eurofightern«, die 1997 den UEFA-Pokal nach Gelsenkirchen holten. In zwei berühmten Spielen gegen Inter Mailand schaltete er Ronaldo aus, wurde daher zur Nationalmannschaft eingeladen und ließ sich dort bei einer Pressekonferenz von den Journalisten Fremdwörter (»Das werde ich zu Hause nachschlagen«) erklären. Er bearbeitete die Taktikzeichnungen aus Mannschaftsbesprechungen seines Trainers künstlerisch, fotografierte und verfasste für die

Berliner »taz« kryptische Kolumnen in durchgehender Kleinschreibung. Eigenrauch engagierte sich viele Jahre für die Initiative »Schalker gegen Rassismus«.

00er Jahre – Thomas Broich
Im Kordjackett, mit einer Baskenmütze auf dem Kopf und einem Buch unterm Arm, adaptierte der gebürtige Münchner ein zwar etwas antiquiertes Bild des Intellektuellen, für gehörige Irritationen sorgte es dennoch. Als einer seiner Mannschaftskameraden in Mönchengladbach mitbekam, dass Broich im Auto Klassik hörte, nannten ihn seine Kollegen nur noch »Mozart«. Und da wussten sie nicht einmal, dass Broich Klavier und Gitarre spielt. In der Bundesliga vermochte er sich nicht richtig durchzusetzen. Er selbst vermutet, dass er zu anders überkam: »Das Mozart-Image hat meine Karriere versaut.« Der Film »Tom meets Zizou« setzte ihm als Spieler der Generation Indie-Folk ein Denkmal.

Bescheidene Kanoniere

Immerhin acht Mal reichten weniger als 20 Tore, um die Kanone für den besten Torjäger in Empfang nehmen zu dürfen. Martin Max gelangen bei München 1860 diese Spartriumphe sogar gleich zweimal.

1987/88	**Jürgen Klinsmann**	VfB Stuttgart	19
1988/89	**Thomas Allofs**	1. FC Köln	17
1988/89	**Roland Wohlfarth**	FC Bayern München	17
1989/90	**Jörn Andersen**	Eintracht Frankfurt	18
1993/94	**Stefan Kuntz**	1. FC Kaiserslautern	18
1993/94	**Anthony Yeboah**	Eintracht Frankfurt	18
1995/96	**Fredi Bobic**	VfB Stuttgart	17
1999/00	**Martin Max**	TSV 1860 München	19
2001/02	**Marcio Amoroso**	Borussia Dortmund	18
2001/02	**Martin Max**	TSV 1860 München	18

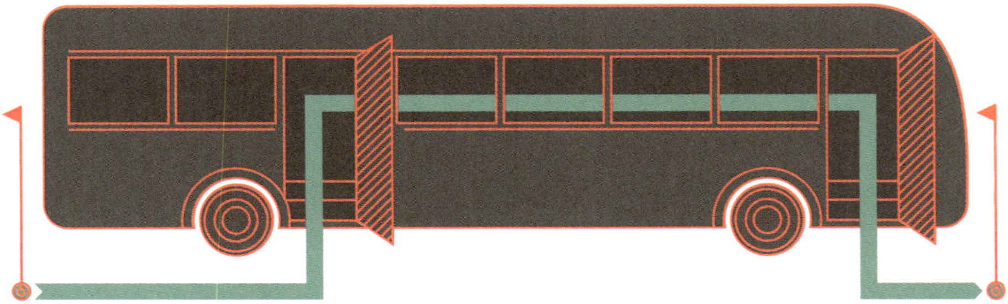

Derbystrecken

Die kürzesten Auswärtsreisen der Bundesligageschichte von Stadion zu Stadion*

1	**Hamburger SV – FC St. Pauli**	6,5 km
2	**Wattenscheid 09 – VfL Bochum**	9,2 km
2	**Schalke 04 – Wattenscheid 09**	9,4 km
4	**RW Oberhausen – RW Essen**	10,2 km
5	**Schalke 04 – Rot-Weiss Essen**	12,2 km
6	**Rot-Weiß Oberhausen – MSV Duisburg**	13,1 km
7	**Eintracht Frankfurt – K. Offenbach**	13,3 km
8	**FC Bayern/1860 – SpVgg Unterhaching**	14,3 km
9	**Bayer Uerdingen – Fortuna Düsseldorf**	16,1 km
10	**Schalke 04 – VfL Bochum**	16,4 km
10	**Bayer Uerdingen – MSV Duisburg**	16,4 km
12	**Borussia Dortmund – VfL Bochum**	17,2 km
13	**MSV Duisburg – Rot-Weiss Essen**	18,7 km
14	**Bayer Leverkusen – 1. FC Köln**	18,7 km
15	**Rot-Weiß Oberhausen – Schalke 04**	19.4 km
16	**Fortuna Düsseldorf – MSV Duisburg**	19,7 km
17	**Rot-Weiss Essen – VfL Bochum**	20,7 km
18	**Borussia Dortmund – Wattenscheid 09**	26,4 km
19	**Borussia M'gladbach – Fortuna D'dorf**	29,0 km
20	**Wuppertaler SV – Fortuna Düsseldorf**	30,7 km
21	**Rot-Weiß Oberhausen – Fortuna D'dorf**	31,8 km
22	**Borussia Dortmund – Schalke 04**	32,2 km

*von Stadion zu Stadion auf dem kürzesten Weg. Derbys von Klubs, die sich ein Stadion teilen, wurden nicht berücksichtigt.

Städtepartnerschaften in der Bundesliga

Einige Bundesligastädte pflegen innerdeutsche Städtepartnerschaften. Erstaunlicherweise ist die zwischen Cottbus und Gelsenkirchen erst nach der Wende zustande gekommen.

Bremen und Rostock, seit 1987
Gelsenkirchen und Cottbus, seit 1995
Hannover und Leipzig, seit 1987
Hamburg und Dresden, seit 1987

Die Rekord-Vizemeister

So oft hatten diese Klubs am Ende der Saison den Titel knapp verpasst. (Wobei natürlich schon klar ist, dass es keinen »Vizemeister« gibt, sondern einfach nur Zweite). Wie überall sonst sind auch hier die Bayern vorne.

9 Mal	FC Bayern München
7 Mal	Werder Bremen
6 Mal	Bayer Leverkusen
6 Mal	Schalke 04
5 Mal	1. FC Köln
5 Mal	Hamburger SV

Graue Maus

Das Dauerabonnement des FC Bayern auf einen Spitzenplatz ist eine Entwicklung der fußballerischen Neuzeit. In früheren Jahren war hin und wieder auch mal ein Jahr im Niemandsland der Tabelle drin.

1966/67	**6. Platz**	37:31 Punkte	62:47 Tore
1974/75	**10. Platz**	34:34 Punkte	57:63 Tore
1977/78	**12. Platz**	32:36 Punkte	62:64 Tore
1991/92	**10. Platz**	36:40 Punkte	59:61 Tore

Schwalbenkönige

Niemand flog so schön wie Andreas Möller. Am 13. April 1995 hob der Dortmunder im Heimspiel gegen den Karlsruher SC im Strafraum formvollendet ab. Dass das Bein des Verteidigers Dirk Schuster gefühlte fünf Meter entfernt war, störte Möller auch nach dem Spiel wenig. Es habe sich um eine »Schutzschwalbe« gehandelt, erklärte er. Das DFB-Sportgericht ließ das nicht als Entschuldigung durchgehen und verdonnerte Möller zu einer Sperre von zwei Spielen und einer Geldstrafe in Höhe von 10.000 D-Mark – als ersten Bundesligaspieler überhaupt. Dabei flogen andere Profis mindestens genauso schön wie der Dortmunder.

Astreine Haltungsnote: Gerhard Kentschke vom FCK macht den Abflug.

Als hätte ihn der Vietcong erwischt: Blattschuss für Peter Reichert vom VfB Stuttgart.

Über den Wolken: Bayerns Stürmer Calle Del'Haye hebt 1983 formvollendet ab.

Unerträgliche Phantomschmerzen: Gladbachs Frank Mill im Tiefflug.

Ganz weit draußen

Weite und kurze Wege vom Hauptbahnhof bis zum Stadion:

München	11,2 km
Berlin	10,0 km
Hamburg*	7,7 km
Gelsenkirchen	7,2 km
Köln	6,2 km
⋮	
Bochum	2,0 km
Hamburg**	1,7 km
Leverkusen	1,2 km
Kaiserslautern	0,7 km
Wolfsburg	0,7 km

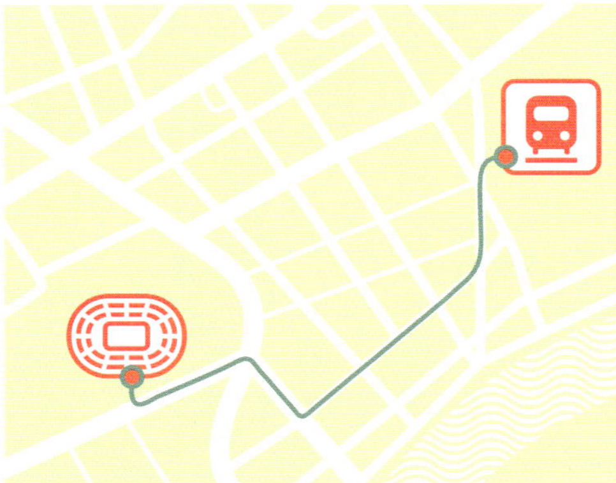

* HSV vom Bahnhof Altona
**St. Pauli vom Bahnhof Dammtor

Sparschützen

Diese Mannschaften teilten sich über lange Zeit das Toreschießen in der Bundesliga gut ein – oder waren einfach sturmschwach.

Nicht mehr als zwei Tore pro Spiel

Team	Spiele	Jahr
Arminia Bielefeld	55	2007–2009
VfL Wolfsburg	47	2005–2007
Hamburger SV	47	1991–1992
SC Freiburg*	42	2004–2009
1. FC Köln	39	2008–2009

*saisonübergreifend (2005–2009: 2. Liga)

Nicht mehr als ein Tor pro Spiel

Team	Spiele	Jahr
Tasmania Berlin	26	1965–1966
1. FC Köln	19*	2011–2012
1. FSV Mainz	19	2006–2007
Dynamo Dresden	18	1994–1995
Eintr. Frankfurt	18	1988
Hamburger SV	17	2012
1. FC K'lautern	17	1995–1996

*Serie könnte bei Wiederaufstieg weitergehen

Mein Tier und ich: Pferd

Traversale, Passage, Piaffe. Der hochdekorierte Dressurreiter Uwe Rahn muss nur noch an seiner Haltung im Sattel arbeiten. Stichwort: Rundrücken!

Baba, Ba, Dudda

Die Bundesliga, auch geeignet für Kleinkinder.

Dieter Brei	Fortuna Düsseldorf
Demba Ba	TSG Hoffenheim
Julian Dudda	Eintracht Frankfurt
Markus Babbel	FC Bayern München
Peter Pumm	FC Bayern München
Altin Lala	Hannover 96
Otto Addo	Borussia Dortmund
Abdul Rahman Baba	SpVgg Greuther Fürth

Große Worte:
Die Bundesliga und die Philosophie

»Es ist nicht immer alles wahr, was stimmt.«

Richtig, Stefan Wessels.

»Zuerst hatten wir kein Glück, dann kam auch noch Pech dazu.«

Weise, Jürgen Wegmann.

»Er spielte ohne Tal und Fehdel.«

Jochen Hageleit wirft den Fehdelhandschuh.

»Das Unmögliche möglich zu machen, wird ein Ding der Unmöglichkeit.«

Möglicherweise, Andreas Brehme.

»Wie so oft, liegt auch hier die Mitte in der Wahrheit.«

Zentriert, Rudi Völler.

»Die Luft, die nie drin war, ist raus aus dem Spiel.«

Knoff-Hoff-Show mit Gerd Delling.

»Wer hinten steht, hat das Pech der Glücklosen.«

Pechvoll unglücklich, Helmut Schulte.

»Wir werden alle Gewissheiten bis zuletzt ausschöpfen.«

Sicher, Berti Vogts.

»Mal verliert man, mal gewinnen die anderen.«

Ewig gültig, Otto Rehhagel.

»Das nächste Spiel ist immer das nächste.«

Visionär, Matthias Sammer.

»Die Situation ist bedrohlich, aber nicht bedenklich!«

Dann geht's ja, Friedhelm Funkel.

»Und das wird sich weiter so voraussetzen.«

Hoffentlich, Andreas Brehme, hoffentlich.

»Vom Willen her hat die Mannschaft schon gewollt.«

Willentlich, Eduard Geyer.

»Wir müssen jetzt mit dem Boden auf den Füßen bleiben.«

Jürgen Röber verlangt viel.

»Ich bin immer offen für Kritik, sie muss nur konstruktivistisch sein.«

Erkenntnistheorie mit Michael Skibbe.

»Die Karten sind neu gewürfelt.«

Pokerface, Oliver Kahn.

Lustige Mannschaften: Gladbach 1970

Rettungswege freihalten! Als die junge Gladbacher Fohlenelf auf den Stehplatzrängen des Bökelbergs posiert, will sie erst gar keinen Ärger mit der örtlichen Feuerwehr und lässt eine Gasse für den Löschzug frei.

Bundesligisten als A-Jugend-Meister

Seit 1969 wird der deutsche A-Jugend-Meister ermittelt. Abgesehen von Hertha Zehlendorf gewannen immer die Nachwuchsteams von Bundesligisten.

10 Mal	VfB Stuttgart
5 Mal	Borussia Dortmund
3 Mal	MSV Duisburg, Eintracht Frankfurt, Bayer Leverkusen, Bayern München, Schalke 04
1 Mal	FC Augsburg, VfL Bochum, Werder Bremen, SC Freiburg, 1. FC Kaiserslautern, 1. FC Köln, 1. FSV Mainz 05, Waldhof Mannheim, 1. FC Nürnberg, Hansa Rostock, Stuttgarter Kickers, Bayer Uerdingen, VfL Wolfsburg

Spielkleidungsrichtlinien

Beim Design von Fußballtrikots darf man sich gröbster Vergehen und schlimmster Modesünden schuldig machen, doch der Rahmen dafür ist genau festgelegt. Ob die Größe der Werbefläche für Sponsoren, deren Platzierung oder wo der Name des Spielers aufgebügelt werden darf, all das regeln die Spielkleidungsrichtlinien

01. Titelsymbol
Höhe und Breite: 20 bis 22 mm
Abstand zum Club-Emblem: 4 bis 6 mm

02. Clubemblem
Platzierung: links oder zentriert
Größe: max. 100 cm²

03. Clubname
Platzierung: links oder zentriert
Größe: max. 2 cm hoch und max. 12 cm²

04. Sponsor
Platzierung:
Waagerecht oder Senkrecht
Größe: max. 200 cm²

05. Herstellerlogo
Platzierung: links, rechts oder zentriert
Größe: max. 20 cm²

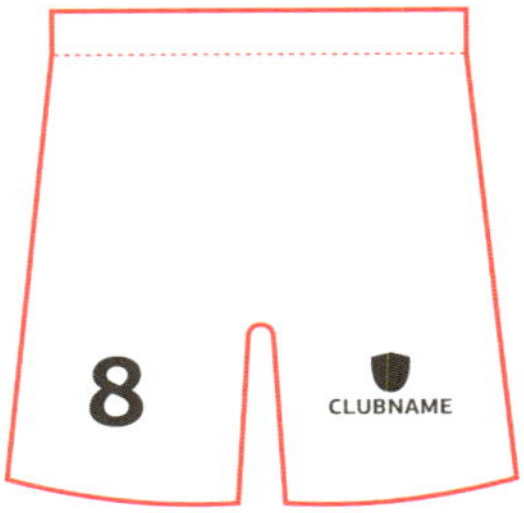

01. Nummer
Platzierung: links oder rechts
Höhe und Breite: max. 50 cm²

02. Clubemblem
Platzierung: links oder rechts
Höhe und Breite: max. 50 cm²

03. Clubname
Platzierung: links oder zentriert
Größe: max. 2 cm hoch und max. 12 cm²

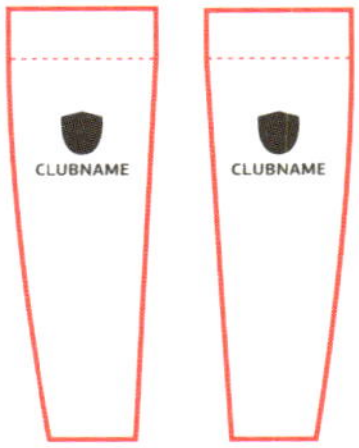

01. Clubemblem
Größe und Platzierung:
Laut § 9.3c: »...maximal 50 cm² auf jedem neuen (ungetragenen) Stutzen, die Position ist frei wählbar.«

03. Clubname
Größe: max. 2 cm hoch und max. 12 cm²

der Deutschen Fußball Liga. Sie umfassen nicht weniger als 42 Paragraphen und sind 32 Seiten lang. Sogar das Verfahren zur Messung der Größe eines Sponsorenlogos ist dabei genau festgelegt, und die »Herstelleridentifikation auf der Spielführerbinde« ist streng verboten.

01. Spielername
Platzierung: zentriert
Höhe und Breite: max. 100 cm^2
Höhe: max. 7,5 cm

02. Nummer
Platzierung: zentriert auf einfarbigem Untergrund
Höhe: max. 25-35 cm

03. Clubname
Platzierung: zentriert
Höhe: max. 7,5 cm

04. Symbole, Maskottchen, kleiner Clubname
Platzierung: zentriert am Kragen
Fläche:
max. 12 cm^2

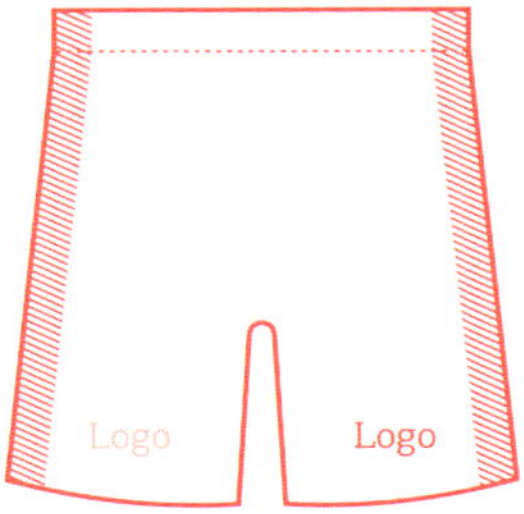

Herstellerlogos
Platzierung: links oder rechts
Größe: max. 20 cm^2

Herstelleridentifikation
Zum Beispiel im schraffierten Bereich dürfen 10 cm breite Logo-Bänder oder Logo-Muster platziert werden.

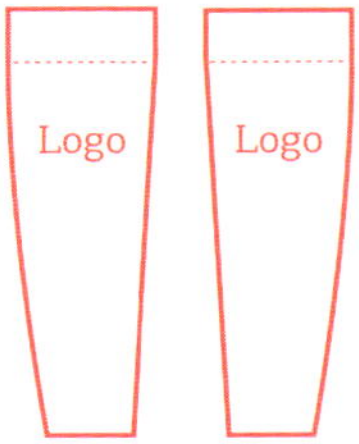

Herstellerlogos
Platzierung: links oder rechts
Größe: max. 20 cm^2

Republikflucht in die Bundesliga

Plötzlich Bundesbürger: Norbert Nachtweih (l.) und Jürgen Pahl

Michael Polywka war 1966 der erste DDR-Spieler, der sich in die Bundesliga absetzte. Nach einem Spiel im Intertoto-Cup in Stockholm verließ er die Mannschaft, unterstützt von Eintracht Braunschweig, wo er nach Ablauf einer einjährigen Sperre für drei Jahre in der Bundesliga spielte.

Klaus Günther gehörte als Torwart zur legendären Mannschaft von Chemie Leipzig, die 1964 sensationell DDR-Meister geworden war und 1966 auch den FDGB-Pokal gewann. Günther verließ seine Mannschaft im Dezember des Jahres nach einem Europapokalspiel beim belgischen Klub Standard Lüttich. Ebenfalls zunächst gesperrt, durfte Günther ab Juli 1968 für den Bundesligisten Borussia Dortmund spielen, wo er im Jahre 1971 schließlich seine Karriere beendete.

Jürgen Pahl und Norbert Nachtweih setzten sich 1976 gemeinsam bei einem U21-Spiel der DDR-Auswahl in der Türkei ab. Pahl spielte anschließend neun Jahre lang im Tor von Eintracht Frankfurts, Nachtweih wechselte aus Frankfurt weiter zum FC Bayern München und wurde dort viermal Deutscher Meister.

Der Kapitän des DDR-Vorzeigeklubs BFC Dynamo Berlin, Lutz Eigendorf, nutzte ein Freundschaftsspiel 1979 beim 1.FC Kaiserslautern, um die DDR hinter sich zu lassen. Er spielte zwei Jahre in der Pfalz und ging dann nach Braunschweig, wo er im März 1983 bei einem Autounfall tödlich verunglückte, der, so legen es Aktenfunde nahe, vom Ministerium für Staatssicherheit initiiert worden war.

Falko Götz und Dirk Schlegel wiederum setzten sich am 3. November 1983 vor dem Europapokalspiel des BFC Dynamo bei Partizan Belgrad in die bundesdeutsche Botschaft in Jugoslawien ab. Götz spielte je vier Jahre erfolgreich für Bayer Leverkusen und den 1. FC Köln, bevor er Trainer wurde. Schlegel kam in Leverkusen, beim VfB Stuttgart und Blau-Weiß 90 Berlin auf insgesamt 54 Bundesligaspiele.

Nach der legendären 3:7-Europapokal-Pleite von Dynamo Dresden 1986 bei Bayer Uerdingen setzte sich auch noch Flügelstürmer Frank Lippmann ab. Beim 1. FC Nürnberg und dem SV Waldhof Mannheim kam er in der Bundesliga auf 22 Einsätze. Axel Kruse schließlich nutzte am 8. Juli 1989 ein Intertotospiel von Hansa Rostock in Kopenhagen zur Flucht in den Westen. Er konnte nicht ahnen: Drei Monate später waren die Grenzen offen.

Die dritte Dekade: 1983/84 – 1992/93

Meiste Titel: FC Bayern München (5)

Zahl der unterschiedlichen Titelträger: 4

Mannschaft des Jahrzehnts:

Toni Schumacher

Stefan Reuter, Klaus Augenthaler, Olaf Thon, Andreas Brehme

Lothar Matthäus

Thomas Häßler, Guido Buchwald

Jürgen Klinsmann, Rudi Völler, Pierre Littbarski

Aufsteiger des Jahrzehnts: FC St. Pauli

Die Klub, der 1988 in die Bundesliga zurückkehrte, war nicht mehr mit dem FC St. Pauli zu vergleichen, der dort zehn Jahre zuvor eine Stippvisite getätigt hatte. Getragen von mehrheitlich ausdrücklich politisch linken Fans, kultivierte der Verein bis heute erfolgreich ein Image als »anderer Klub«.

Tragischer Fall: 1860 München

Als die dritte Dekade begann, wurde dem Deutschen Meister von 1965 die Lizenz entzogen, und er stieg von der zweiten Liga in die Bayernliga ab. Dort tingelte er fünf Jahre lang über die Dörfer. Als das Jahrzehnt endete, waren die Löwen immer noch nicht wieder erstklassig, das schafften sie erst 1994.

Aufreger: Fangewalt

Prügeleien auf den Rängen hatte es auch schon in den siebziger Jahren gegeben, doch in diesem Jahrzehnt war sie fast selbstverständlich. Die Macht in den Kurven übernahmen die Hooligans, die mit dem »Fan Treff« sogar ihr eigenes Mitteilungsblatt hatten. Zum Ende der Dekade deutete sich mit ersten Ultras ein Wandel an.

1989 | Der Millerntor Roar erscheint zum ersten Mal

Am 29. Juli 1989 erscheint beim FC St. Pauli am Millerntor das erste Fußball-Fanzine, das sich nicht vordringlich mit Raufereien und der exzessiven Einnahme von Alkohol beschäftigt. Der »Millerntor Roar« folgt dem Beispiel englischer Fanmagazine wie »When Saturday Comes« und gibt selber die Tonart für all die anderen Hefte vor, die bald in vielen Bundesligastadien erscheinen. Humorvoll, intelligent, politisch und mit einer großen Portion Selbstironie berichten die Fans von ihrem Alltag als Anhänger, protestieren gegen seelenlose Stadionneubauten und die Vernichtung von Stehplätzen, schildern abenteuerliche Auswärtsfahrten und gießen ihren Spott über all die Versuche der Klubs, aus Anhängern Kunden zu machen. Dass die Fanzine-Macher wild entschlossen sind, das bisweilen deprimierende Dasein als Fan nur mit Humor ertragen zu wollen, zeigen schon die Namen der Magazine, vom »Schalke Unser« über das Bielefelder »Um halb vier war die Welt noch in Ordnung« bis hin zum Münchner »Löwenzahn«. Die Redaktionssitzungen gleichen sich, überall gilt »das linke Konsensprinzip«, wie es das Gründungsmitglied des »Millerntor Roar«, Sven Brux, ausdrückt: »Es wird gelabert, bis keiner mehr kann.« Trotz der Laberei – wer die Magazine liest, findet umwerfend lustige Texte, sei es die Düsseldorfer Bewertung des Gästeblocks in Leipzig (»Die Plätze sind gut, nur die Perspektive ist schlecht«), die Bielefelder Wetterprognose anhand des Hooligan-Aufkommens in Frankfurt (»Das Wetter ändert sich, die Steine fliegen tief«) oder natürlich die Sternstunde des »Übersteigers« vom FC St. Pauli, der kurzerhand eine Gewerkschaftskampagne zum Protest gegen die Montagsspiele im DSF umwidmet (»Montags gehört Vati mir«). Zu Hochzeiten erscheinen allein am Millerntor fünf Fanzines gleichzeitig, mittlerweile publizieren die meisten Fans lieber im Internet.

Die Welt, gesehen von Ernst Happel

Der Österreicher war der erfolgreichste Trainer in der Geschichte des Hamburger SV, zugleich und vor allem aber war er ein begnadeter Aphoristiker.

- **»Ich sag schon immer, hoffentlich scheint die Sonn' net, sonst siehst deinen Schatten und hupfst vor Angst an Meter hoch.«**
- **»Bei der Manndeckung hast du elf Esel auf dem Platz stehen!«**
- **»Sechs Jahre Hamburg sind genug! Ich mag das nicht, wenn meine Enkel immer vom Opa Hamburg reden …«**
- **»Haut's eich in' Schnee!«**
- **»Wir haben so viel erlebt, ich muss aufhören. Mit zu viel Siegen geht die Disziplin zurück. Wir werden zu sehr Freunde. Man leidet und weint, man lacht und gewinnt zusammen. Und das darf nicht zu lang dauern.«**
- **»Hol' die Bälle, du Ministrant!« (Zum neu eingestellten Zeugwart)**
- **»Ja, nun ist es genug gefragt! So viel fragst du sonst das ganze Jahr nicht!«**
- **»Is' oaner von der Bildzeitung da? Na, dann können ma anfangen.«**
- **»Wenn wir die Kugel haben, haben's die anderen net.«**
- **»Bei uns kann jeder machen, was er will, es muss nur im Sinne der Mannschaft sein.«**
- **»Wann's red'n wollen, müssen's Staubsaugervertreter werden. Ich brauche nur Fußballspieler.«**

3:0 für die Bärte

In den Siebzigern und Achtzigern der letzte Schrei: Buschige Schnäuzer und üppige Vollbärte. Hier beispielhaft demonstriert von Braunschweigs Günter Keute, Hannovers Bernd Thiele und natürlich von Bochums Legende Lothar Woelk.

adidas
OSBORNE

Die zehn besten Transfers der Bundesligageschichte

Diese Vereinswechsel haben die Geschichte der Bundesliga auf ganz besondere Weise verändert, denn ohne diese Spieler wären die Trophäenschränke mancherorts deutlich leerer. Und dass solche Transfers auch noch besonders raffiniert statt mit dicken Preisschilder versehen sein können, zeigt Kagawas Wechsel für den Schnäppchenpreis von 350.000 Euro.

1.	**Shinji Kagawa**	Cerezo Osaka ▸ Borussia Dortmund
2.	**Lothar Matthäus**	Borussia Mönchengladbach ▸ Bayern München
3.	**Kevin Keegan**	FC Liverpool ▸ Hamburger SV
4.	**Oliver Kahn**	Karlsruher SC ▸ Bayern München
5.	**Allan Simonsen**	Vejle BK ▸ Borussia Mönchengladbach
6.	**Johan Micoud**	AC Parma ▸ Werder Bremen
7.	**Stefan Effenberg**	Borussia Mönchengladbach ▸ Bayern München
8.	**Jürgen Kohler**	Juventus Turin ▸ Borussia Dortmund
9.	**Horst Hrubesch**	Rot-Weiss Essen ▸ Hamburger SV
10.	**Manfred Burgsmüller**	Rot-Weiß Oberhausen ▸ Werder Bremen

Könige der Vorarbeit

Diese zehn Spieler lieferten in der Geschichte der Bundesliga die meisten Torvorlagen, Franz Beckenbauer ist der einzige Verteidiger unter ihnen.

1.	**Günter Netzer** (Borussia Mönchengladbach)	**94**
2.	**Gerd Müller** (FC Bayern München)	**87**
3.	**Zé Roberto** (Bayer Leverkusen, FC Bayern München, Hamburger SV)	**82**
4.	**Jürgen Grabowski** (Eintracht Frankfurt)	**78**
5.	**Wolfgang Overath** (1.FC Köln)	**74**
6.	**Jupp Heynckes** (Borussia M'gladbach, Hannover 96)	**71**
7.	**Bernd Schneider** (Eintracht Frankfurt, Bayer Leverkusen)	**68**
8.	**Franz Beckenbauer** (FC Bayern München, Hamburger SV)	**67**
9.	**Miroslav Klose** (1.FC K'lautern, Werder Bremen, FC Bayern München)	**65**
10.	**Sigfried Held** (Bor. Dortmund, Kickers Offenbach, Bayer Uerdingen)	**63**

GROSSE KLUBS

1. FC Köln

Mitglieder:
55.450

Platzierung ewige Tabelle:	Bundesliga-meisterschaften:	Abstiege:	Internationale Titel:
7	**2**	**5**	**-**

- Thomas Allofs ist der einzige Spieler der Bundesligageschichte, der in zehn aufeinanderfolgenden Spielen stets mindestens einmal traf. Insgesamt waren es 14 Treffer in einer Serie, die am 28. Spieltag der Saison 1983/84 begann und am fünften Spieltag der Nachfolgesaison endete. Allofs kam dabei übrigens ohne Elfmetertor aus.
- 1971 beendete Zeugwart Hans Thönnes seinen Dienst, den er 36 Jahre zuvor noch beim FC-Vorgängerklub Sülz 07 angetreten hatte.
- Groß ist der 1. FC Köln, doch so richtig groß ist vor allem seine Vergangenheit, denn die richtigen Höhepunkte liegen inzwischen schon etwas zurück. Letzter Meistertitel: 1978. Letzter Pokalgewinn: 1983. Letzter einstelliger Tabellenplatz in der Bundesliga: 1992. Letztes Europapokalspiel: 30.9.1992
- Als Günter Netzer dem 1. FC Köln 1989 öffentlich dazu riet, den Spielmacher Thomas Häßler zu verkaufen, antwortete der kleine Nationalspieler verblüffend deutlich: »Der Netzer war zwar als Spieler gut, aber als Journalist ist er eine Wurst.«
- Noch deutlicher war Trainer Gyula Lorant 1972, nachdem ihm Vereinspräsident Oskar Maaß bei einem Pokalspiel in München Anweisungen von der Tribüne zugerufen hatte. »Halts Maul, du fette Sau«, schrie der Ungar zurück und wurde am nächsten Tag als erster FC-Trainer vorzeitig entlassen.
- Mit dem Transfer von Roger van Gool durchbrach der 1. FC Köln 1976 die Eine-Million-Mark-Grenze bei Spielerkäufen in der Bundesliga. Bei den Verkäufen hatte er diese aber schon im Sommer 1963 vor Start der Bundesliga geradezu pulverisiert, als Karl-Heinz Schnellinger für 1,3 Millionen Mark zum AC Mantua wechselte.
- Anfang der siebziger Jahre zog der 1. FC Köln vom maroden Müngersdorfer Stadion in die nur wenige Schritte entfernte Radrennbahn um, deren Tribünen teilweise noch aus Holz bestanden. Die Spieler verzichteten wegen der dort geringeren Einnahmen auf einen Teil ihrer Gehälter. Bei Spitzenspielen wurde um den Platz eine Kordel gezogen und noch ein paar tausend Zuschauer in den Innenraum gelassen.

1999 | Mario Basler trinkt Kaffee

Der Ort Donaustauf, idyllisch am Rande des Bayrischen Waldes gelegen, genießt in den neunziger Jahren in der Fußballszene einen zwiespältigen Ruf. Viele Fußballer absolvieren hier ihre Rehabilitation nach überstandener Verletzung, manche Kicker jedoch nutzen die Entfernung vom Heimatverein auch, um nebenher einem unchristlichen Lebenswandel zu frönen. So wird aus Donaustauf im Fußballersprech schnell »Donausauf«. Was der breiten Öffentlichkeit allerdings erst so richtig auffällt, als ein Vorfall im benachbarten Regensburg polizeiaktenkundig wird.

Mario Basler, Mittelfeldmann beim FC Bayern München, hat gemeinsam mit Ersatztorwart Sven Scheuer eine Pizzeria besucht. Auf dem Heimweg werden sie, so erzählen es jedenfalls Scheuer und Basler, von einem jungen Mann bedroht. Basler und Scheuer kehren zurück in die Gaststätte, um sich bei einer »Tasse Kaffee« (Basler) von dem offenbar traumatischen Ereignis zu erholen. Basler: »Dann geht die Tür auf und fünf Polizisten kommen rein. Nicht wegen der Schlägerei, sondern weil sich Anwohner in der Ruhe gestört fühlten. Das Gespräch mit den Polizisten war überragend.« Wer da wen bedroht hat, lässt sich anschließend nicht mehr gerichtsfest klären. Dass es allerdings bereits 3.20 Uhr in der Nacht war, also ziemlich spät, oder aus anderer Perspektive ziemlich früh, sorgt beim FC Bayern in München für extrem schlechte Laune. Denn die Episode hat eine Vorgeschichte.

Bereits im August 1999 ist Basler den Münchner Verantwortlichen unangenehm aufgefallen, als er bei der Geburtstagsparty von Dietmar Hamann mitten in der Woche nicht zu handelsüblichen Zeiten im Bett ist. Basler selbst hat nur eine ungefähre Vorstellung von der Uhrzeit: »Die Vögel haben noch nicht gezwitschert, als ich gegangen bin.« Nun also hat der Klub genug. Am 16. Oktober werden Basler und Scheuer vom Spielbetrieb suspendiert. Begründet wird der Rausschmiss mit »wiederholten Verstößen gegen die Pflichten eines Spielers, zuletzt in dieser Woche«. Basler will das natürlich auch nicht unkommentiert lassen, für ihn ist der Rausschmiss schlicht »Mobbing vom Allerfeinsten«. Ein paar Tage später wechselt er für 1,5 Millionen D-Mark Ablöse zum 1. FC Kaiserslautern.

Ohnsorg-Theater

1998 trat Uwe Seeler als Präsident des Hamburger SV zurück. Seither macht er sich Sorgen.

IDOL
UWE SEELER,
ERKLÄRTERMASSEN
SEHR IN SORGE

Morgenpost, 22.09.2012

IDOL SEELER BESORGT

kicker, 20.08.2011

SEELER:
DIE LEISTUNG GEGEN
BARCELONA
GIBT ANLASS ZUR
SORGE

Bild, 31.07.2012

UWE SEELER
VERFOLGT DIE HSV-
ENTWICKLUNG MIT SORGE

Bild, 24.08.2008

DAS IDOL IST IN
RIESEN-SORGE
UM SEINEN VEREIN

Bild, 22.09.2012

UWE
IN
SORGE

Bild, 07.11.2008

KLUB-IDOL UWE SEELER
IST IN GROSSER SORGE
UM SEINEN VEREIN

Bild, 26.09.2009

DAS FUSSBALL-IDOL
IN SORGE
UM DIE ZUKUNFT DES HSV

Bild, 19.05.1995

Bundesligisten, die es nicht mehr gibt

Tasmania Berlin Der Rekordverlierer der Bundesligasaison 1966/67 bezahlte sein unseliges Jahr in der höchsten Spielklasse teuer. Sechs weitere Jahre schleppte sich der Klub durch die finanziell unattraktive Regionalliga Berlin, qualifizierte sich noch dreimal für die Aufstiegsrunde zur Bundesliga, bis er im Juli 1973 Konkurs anmelden musste. Als inoffizieller Nachfolger wurde schon vorher – am 3. Februar 1973 – der SV Tasmania Neukölln 73 gegründet. Heute spielt der Klub zwar weiterhin in Neukölln, hat aber den Stadtteil aus dem Namen gestrichen.

Blau-Weiß 90 Berlin Ähnlich wie Tasmania Berlin überforderten auch BW 90 die Ambitionen, in der ersten und zweiten Liga zu spielen. Das Publikum nahm den Klub nicht ausreichend an, die Schulden stiegen, der Lizenzentzug für den damaligen Zweitligisten bedeutete das sofortige Aus. Am 28. Juni 1992 meldete der traditionsreiche Klub Konkurs an. Damit verschwand auch der Deutsche Fußballmeister von 1905, denn Union 92 Berlin hatte 1927 mit dem BFC Vorwärts 1890 zu Blau-Weiß 1890 Berlin fusioniert. Als Nachfolgeverein versucht SV Blau Weiss Berlin die Geschichte fortzuführen. Er begann in der untersten Berliner Spielklasse von vorne und hat es seither nicht mehr auf überregionale Ebene schaffte.

VfB Leipzig Besonders verzwickt ist die Geschichte des dreifachen deutschen Meisters VfB Leipzig, den es zwischen 1945 und der Wende nicht gab. Am 1. Juni 1991 wandte sich der 1. FC Lokomotive Leipzig von seiner DDR-Geschichte ab und übernahm den traditionsreichen Namen. Der VfB Leipzig schaffte es zunächst in die zweite und 1993/94 für ein Jahr auch in die erste Bundesliga, aber die aufwendigen Versuche wieder aufzusteigen, zehrten den Klub auf. 2000 gab es das erste und 2004 das zweite und endgültige Insolvenzverfahren. Das Ende des VfB führte aber zur Wiedergeburt von Lok Leipzig in der untersten Liga.

Du bist ja 'ne Marke

Als die ganze Nation um das Jahr 2005 herum plötzlich Lukas Podolski und Bastian Schweinsteiger nur noch als spaßiges Duo »Poldi & Schweini« kannte, witterten auch Geschäftemacher aller Art die Gelegenheit, mit den Spitznamen der Bundesligastars Kasse zu machen. Der Run war abzulesen in den Registern des Deutschen Patent- und Markenamtes, wo plötzlich allerlei fußballfremde Waren unter den Spitznamen feilgeboten wurden. Vor Gericht las sich das dann später so: »Am 24. Juni 2005 hat der Beklagte die Marke »Schweini« für Waren und Dienstleistungen der Klassen 29, 30, 32 und 43 beim DPMA unter der Nr. 30536997.0 angemeldet«. Eben jener Beklagte musste wie so viele andere seine Anmeldung löschen. Heute sind die Schlachten vergangener Jahre beim Patentamt nachzulesen, es finden sich zugleich aber auch noch einzelne Überlebende wie der hellgrüne Dino »Poldi« des Landeskriminalamts Sachsen.

Golf

Vermutlich lieben die meisten Fußballspieler das Spiel, mit dem sie ihr Geld verdienen oder verdient haben. Sicher ist aber, dass viele von ihnen einen anderen Sport wirklich lieben: Golf. Die Gofus versammeln allein über 400 ehemalige Fußballspieler, und einige haben es sportlich weit gebracht.

	Handicap		Handicap
Sepp Maier	5	**Franz Beckenbauer**	11
Franz Roth	5	**Andreas Brehme**	11
Oliver Kahn	6	**Manfred Kaltz**	12
Andreas Herzog	6	**Karl-Heinz Riedle**	12
Karl Allgöwer	7	**Thomas Berthold**	13
Rainer Bonhof	7	**Dieter Hoeneß**	13
Jürgen Grabowski	7	**Bernd Schuster**	13
Olaf Thon	8	**Ottmar Hitzfeld**	14
Thomas Allofs	10	**Oliver Bierhoff**	16
Klaus Allofs	10	**Uli Hoeneß**	18

Hauptsache versammelt

Die jährlichen Mitgliedertreffen der Bundesligaklubs sind eine gute Gelegenheit für offene Worte, viel Alkohol und die eine oder andere Prügelei.

Boxing Day Als im Jahre 1988 ein Vereinsmitglied von Eintracht Frankfurt trotz mehrfacher Ermahnung nicht das Rednerpult verlassen wollte, versuchte ihn ein Ordner vom Podium zu drängen. Der Redner setzte ihn mit einem Schwinger außer Gefecht und sprach weiter.

Große Bühne Jahreshauptversammlungen werden gerne von Politikern aller Couleur zu öffentlichkeitswirksamen Auftritten genutzt. Manchen unterlaufen allerdings Flüchtigkeitsfehler wie dem FDP-Mann Joachim Schulz-Tornau, der die Mitglieder von Arminia Bielefeld routiniert mit »Liebe Parteifreunde« begrüßte.

Kritik unerwünscht Auf seinen Versammlungen mag es das Schalker Mitglied eher harmonisch. Wenn einer also allzu penetrant an der Vereinsführung herummäkelt wie 2006 Olaf Thon, dann geht es selbst Legenden des Klubs lautstark an den Kragen. Den Sprechchor »Wir sind Schalker und du nicht!« musste Thon sich von den Mitgliedern anhören.

Begnadeter Redner Schon die Begrüßung war rätselhaft. Als ein HSV-Mitglied auf der Jahreshauptversammlung 2006 die Anwesenden mit »Hallo Klopfers« begrüßte, wurde das noch geduldet. Als jedoch herauskam, dass der Redner seine Beiträge nicht bezahlt hatte, flog er vom Podium und aus dem Saal.

Running Gag: Dieter Hoeneß wusste stets, wie er auf Jahreshauptversammlungen von Hertha BSC für gute Stimmung sorgen konnte. Er musste nur erwähnen, im nächsten Jahr im DFB-Pokal weit kommen zu wollen. Der Saal bog sich stets vor Lachen, der Klub ist in diesem Wettbewerb traditionell erfolglos.

Dicke Backe Die Sitzung fand zwar im örtlichen Hygienemuseum statt, die Fäuste flogen dennoch bei der Jahreshauptversammlung von Dynamo Dresden anno 1990. Renitente Mitglieder hatten einen Misstrauensantrag gegen den damaligen Vereinspräsidenten Wolf-Rüdiger Ziegenbalg eingereicht und wurden zum Dank aus dem Saal geprügelt.

Schusswechsel Selbst für die früher notorisch aufgeregten Jahreshauptversammlungen des FC Schalke 04 war dieser Vorfall ein unrühmlicher Höhepunkt: 1987 musste ein sturzbetrunkener und wütend protestierender Anhänger abgeführt werden. Der übellaunige Mann hatte nicht nur verbal gedroht, sondern auch noch wild mit einer Pistole gefuchtelt.

Meister! Absteiger! FCN!

Kader des 1. FC Nürnberg 1967/68

Meister mit 47:21 Punkten und 71:37 Toren

Tor:	Roland Wabra, Gyula Toth, Adolf Ruff
Abwehr:	Horst Leupold, Ferdinand Wenauer, Ludwig Müller, Fritz Popp, Helmut Hilpert, Ewald Schäffner
Mittelfeld:	Karl-Heinz Ferschl, Heinz Müller, August Starek, Horst Blankenburg
Angriff:	Franz Brungs, Zvezdan Cebinac, Heinz Strehl, Georg Volkert, Hubert Schöll, Claus-Jürgen Braun, Manfred Ebenhöh, Wulf-Ingo Usbeck
Trainer:	Max Merkel

Kader des 1. FC Nürnberg 1968/69

Absteiger mit 29:39 Punkten und 45:55 Toren

Tor:	Roland Wabra, Jürgen Rynio, Walter Pradt
Abwehr:	Horst Leupold, Ferdinand Wenauer, Ludwig Müller, Fritz Popp, Ewald Schäffner, Johnny Hansen, Peter Czernotzky, Amand Theis, Franz Zimmert
Mittelfeld:	Heinz Müller, Klaus Zaczyk, Hans Küppers, Heinz Strehl, Hans Rigotti, Theodor Homann
Angriff:	Zvezdan Cebinac, Georg Volkert, Erich Beer, Dieter Nüssing, Jürgen Lehr
Trainer:	Max Merkel, Robert Körner, Kuno Klötzer

Schweigeminute

In stillem Gedenken:
Verstorbene Spieler aus 50 Jahren Bundesliga

Erwin Glod

Rudolf Schmidt

Jürgen Moll

Maurice Banach

Alfons Stemmer

Jürgen Sobieray

Willi Kraus

Dieter Seeler

Lutz Eigendorf

Albert Jansen

Wolfgang Ladage

ovan Miladinovic

Reiner Geye

Hans-Jürgen Oehlenschläger

Gustl Jung

Rainer Rühle

Die Autoren bedanken sich bei:

218 **Franz Dokulil** vom Österreichischen Tonbandmuseum für seine wertvollen Hinweise zum von Horst-Gregorio Canellas benutzten Tonbandgerät. **Alexandra Frost** und **Jürgen Frost** für die Stilsicherheit und Ausdauer bei der Gestaltung des Buches. **Dirk Ifsen** und **Sven Tröster** von Opta Sports für Extremstatistiken aus ihrem uferlosen Archiv. **Fabian Jonas** für das so kenntnisreiche wie strenge Korrektorat. **Monika König** von Kiepenheuer & Witsch für die nervenstarke Begleitung bei der Herstellung des Buches. **Helge Malchow** von Kiepenheuer & Witsch für die Aufforderung, dieses Buch zu schreiben. **Tobias Marold** und seinen Kollegen von der Bildagentur Imago für die bereitwillige Kooperation bei der Fotorecherche. Und natürlich und vor allem bei der **11 FREUNDE-Redaktion** für die Geduld mit ihren teilweise etwas gehetzten Kollegen.

Index

E

F

G

H

I

J

K

W

Z